Посвящение

Эта книга посвящается наставнику Деннису Батлеру, потому что если кто и заслуживает посвящения в книге — так это он.

«Claim the Prosperity that is Your Birthright!»

Accept Your Abundance!

Why You are Supposed to Be Wealthy

By Randy Gage

«Примите процветание, как право, данное вам при рождении»

Богатство рядом!

Почему мы должны быть богатыми

Рэнди Гейдж

Москва — Санкт-Петербург
«ДИЛЯ»

УДК 159.9
ББК 88.5
Г 29

«Claim the Prosperity that is Your Birthright!»
Accept Your Abundance!
Why You are Supposed to Be Wealthy
By Randy Gage

Перевод Андрея Лесохина

Рэнди Гейдж

Г29 Богатство рядом! Почему мы должны быть богатыми. / Пер. с англ. – СПб.: «Издательство «ДИЛЯ», 2016. – 128 с.

ISBN 978-5-88503-168-4

ISBN 978-5-88503-168-4

Благодарности

Я хочу выразить свое восхищение
Лорнетт Броун,
которая помогает мне принимать
собственное процветание.
А также Лизе Джименез,
просто потому что она Лиза.

Вступление

Во вступлении лучше всего ответить на вопрос, часто задаваемый любому автору. А именно: зачем написана эта книга? Так вот...

Любой встреченный вами скажет, что он хочет быть счастливым, здоровым и богатым. Редко можно увидеть человека, кто добился хотя бы двух пунктов из этого списка, и уж тем более вряд ли есть кто-нибудь, кто может похвастаться всеми тремя. Поэтому несколько лет назад я начал делиться с людьми моими знаниями о том, как стать богатым. Я — человек последовательный и рациональный, поэтому я исследовал этот процесс и объяснил его логично и рационально. После нескольких лет таких занятий я пришел к пониманию чего-то очень особенного...

Для большинства людей проблема заключалась не в нехватке знаний. Этому я мог научить довольно легко. Настоящей проблемой являлось то, что они просто не могли или не хотели стать благополучными. Они подрывали собственную успешность на подсознательном уровне.

Они отказывались принимать собственное процветание. А нет ничего более трагичного, чем неиспользованный потенциал, неосуществленное счастье и невостребованое процветание.

Вот почему я написал эту книгу. Я хочу чтобы все приняли процветание как право, данное вам при рождении.

Рэнди Гейдж
Ки Вест, Флорида
Март 2003 г.

Глава первая

Помещая себя в картину процветания

Дважды в год я посещаю общее собрание вместе с наиболее успевающими слушателями моей обучающей программы процветания. Совершенно недавно на Коста-Рике, на одном из таких собраний, я работал с одним предпринимателем, помогая улучшить состояние его дел. Я предложил одну идею, которая принесла бы ему 15 — 20 миллионов долларов годовых и вполне могла бы дать и все 30. В то время этот преприниматель зарабатывал менее чем 300 тысяч.

Вы думаете, он ухватился за соломинку? Вы думаете, вы поступили бы так же? Он не сделал этого. И вы не сделали бы тоже...

Обрисовав положение дел, я увидел, что он и его жена потихоньку выключаются из разговора. Для меня и учащихся моей группы стало ясно, что этого им не выдюжить. Они пришли сюда с надеждой научиться зарабатывать на 50 или даже 250 тысяч долларов больше, но когда я заговорил о миллионах, они отказывались в это поверить.

Правда, буду искренним до конца. На первых порах они думали совершенно иначе...
Казалось, они готовы поддержать эту идею. Но тут возникли аргументы против: такие как, например, то, что сама идея очень сложная, что нужны до-

полнительные исследования, что для ее разработки потребуются годы и т. д. И только когда на них ополчилась вся группа, они допустили, что избегают этой идеи, потому что это было бы слишком хорошо для них.

Они оставили нас, пообещав послушать мой аудиоальбом «Процветание» и поработать над своим сознанием процветания.

На следующей встрече они подошли ко мне и сказали, что они достаточно поразмышляли над вопросами процветания и готовы были принять предложенный мной новый и дерзкий план для их бизнеса. Поэтому я задал супруге предпринимателя очень простой вопрос. Я спросил: насколько изменилась бы их жизнь, если бы бизнес приносил 30 миллионов годовых? И получил довольно интересный ответ. Она уверяла меня, что ничего существенного не произошло бы, что и сегодня все ее нужды учтены и единственное отличие заключалось бы в том, что оплата счетов не приводила бы ее в стрессовое состояние.

Я хотел большего. Я требовал, чтобы она назвала более ощутимые перемены, которые имели бы место быть в ее образе жизни. ВСЕ, что она вспоминала, касалось помощи кому-то другому...

Она оказала бы финансовую поддержку лагерю молодых бойскаутов... помогла бы родителям... спонсировала бы школу и т. д. Ничто из этого списка не предназначалось ей самой. Я задал тот же вопрос ее мужу...

Он начал с того же места, где остановилась его благоверная, но подмечал больше деталей. Он точно определил те сферы деятельности бойскаутов, которые собирался финансировать, предложил нанять своему больному отцу круглосуточную сиделку. Как и жена, он имел в виду только помощь другим. Оба даже и не заикнулись про что-нибудь для себя. Все предназначалось другим...

Но я настаивал...

После долгих раздумий муж высказал идею, что неплохо было бы приобрести хибарку у озера. Это подвигло жену, которая поняла, что ей не помешало бы иметь какой-нибудь джип. Я наконец подумал, что мы сдвигаемся с мертвой точки. Пока она не объяснила зачем: новый джип ей нужен, чтобы возить детей в лагерь, который она будет спонсировать! Стало очевидным, что ни один из супругов даже и не предполагал, как изменится их жизнь с «лишними» 30 миллионами долларов. А так как они не могли предвидеть эту возможность, они не могли воплотить ее в жизнь.

Попробуем понять ПОЧЕМУ...

Я порасспрашивал своих слушателей: что, как им казалось, мешало их процветанию все эти годы. Некоторые наблюдения оказались очень интересными. Один мой ученик писал: «Долгое время я принимал тот факт, что сам воплощаю в жизнь собственные трудности. Логически я это понимал, но для того, чтобы принять проблему сердцем, мне нужно еще работать над собой. Вопрос звучал не "Почему это случилось со мной?", а "Почему я воплотил в жизнь эти проблемы?". Классическая боязнь успешности? Не думаю. Мне нравилось быть здоровым и успешным. Страх фиаско? Вряд ли. Не люблю неудач, но и не боюсь их. Понимаю, что это необходимая часть процесса. Низкая самооценка? Возможно и влияет. Но это — не главная причина. И вдруг, несколько дней назад, в голову пришло вот что...»

Через секунду мы вернемся к этому ученику и узнаем, что он понял. Однако сначала мне бы хотелось спросить вас.
Вы осознаете и принимаете тот факт, что сами навлекаете на себя неприятности? Или все еще вините судьбу, неудачу, экономику, бывшего супруга и козни коммунистов?

А если и осознаете, то ЧТО, по-вашему, является ПРИЧИНОЙ?

Вот что понял мой ученик. Он пишет: «Я накликал на себя неудачи, чтобы в моей жизни были трудности, с которыми нужно бороться! Я не говорю, что так мыслить — правильно или даже нормально, я просто искал причины моего поведения. Большую часть моей сознательной жизни мне нравилось быть в аутсайдерах и помогать таким же, как я, пробиваться наверх. Опять и опять я принимал вызовы, просто чтобы доказать себе, что могу лицом к лицу встретиться с любыми неудачами».

Вот тут что-то действительно есть. Оглядываясь назад на свои «темные годы» (первые 30 лет моей жизни!), я осознаю, что у меня была почти такая же установка сознания.

Это подводит нас к другой большой проблеме... А именно: с какой стати я, вы или кто-то еще может захотеть победить эти трудности? Подумайте над этим как следует. Правильный ответ на этот вопрос в один момент способен полностью перевернуть вашу жизнь.

Пожалуйста, прочтите последнее предложение еще раз.

Вот что еще понял мой ученик: «Думаю, я выкапывал себе эту яму, чтобы потом самому из нее выбираться! Я хочу сказать, что это позволяет мне учиться и расти (благородная причина). Однако не только это. Видимо, существуют еще какие-то серьезные проблемы, над которыми нужно поработать, и когда я обнаружу их, мне не придется больше придумывать для себя трудности. Это было бы хорошо».

И наверняка будет! Оглядываясь назад, я смотрю на установку моего сознания в годы полного обнищания и думаю, что мне нравилось считать себя таким маленьким парнишкой, сражающимся с силами зла. Я получал удовольствие от того, что в обществе таких же, как я, жертв обстоятельств делился своим жертвенным опытом. Чем занимался ежедневно.

Эта тема вызвала много откликов других учеников в сети. Одна женщина писала: «Возможно, я старалась все усложнить, чтобы выглядеть сообразительным и умудренным человеком. Для меня работа или проблема всегда казались подозрительными, если решались запросто. Они действительно так легки, или я неправильно смотрю и не вижу ловушки? Тогда я поступала так: я специально все усложняла, чтобы не было никакой неопределенности, потому что теперь это действительно трудно! И все это видят!».

Вам это знакомо?

Другая ученица вспоминает что-то похожее. Она говорит: «С самых ранних лет и до того, как начать путь процветания, я была чемпионкой по созданию себе трудностей и проблем! Я думаю, это связано с воспитанием, с недостатком самооценки и еще я считаю, что родилась с генами борца. Поэтому я искала проблемы, создавала что-то вроде хаоса, помогала аутсайдерам, и это у меня хорошо получалось. А слушать слова восхищения от других — это т-а-а-а-к здорово!».

И, наконец, еще один ученик пишет: «Я гордился выбором в пользу, как мне казалось, наиболее сложного пути, будто бы меня облагораживало страдание. На самом деле мне это ничего не дало, кроме множества тревог, по крайней мере, нечего предъявить, разве что так называемые "боевые шрамы", которые оставили эти мелочные тираны в моей жизни. И несмотря на то, что это давало мне некоторое оправдание моей заурядности, на самом деле я строил собственный характер и (все начистоту!) проверял чувство собственного достоинства с помощью любой мало-мальски большой проблемы, которую я воплощал в реальности».

Я наблюдал, как этот механизм повторяется раз за разом, у учеников разных возрастов, национальностей и просто разных. Как-то им было спокойно думать, что они накликали трудности просто потому, что любили такого рода вызовы. Их обнадеживало сознание того, что таким образом они укрепляют характер... Так и конечная победа будет слаще, и т. д. Но если на самом деле все не так?

Копнув в этом исследовании поглубже, я столкнулся с другой глубинной мотивацией. **Я считаю, что сознательное создание в жизни сложных препятствий и их мужественное преодоление — это еще один способ оставаться жертвой!** Мы создаем проблемы, потому что это дает нам возможность получить свою долю симпатии от других. У нас есть готовое извинение за возможный провал. И мы не обязательно должны быть ответственны за неудачу. Это отговорка.

Она позволяет нам лгать самим себе. Нам кажется, что никто не скажет, что мы не старались как могли. Мы можем ответить: «Я весь отдался этому, но ... у меня не было хороших связей... я был не на той стороне... у меня другой цвет кожи... у меня нет нужного образования...». Это внутреннее признание заурядности вашей жизни.

Но есть и хорошие новости. Ежели, как показывает прошлое, вы можете создавать проблемы, нагрузку и страдания, то что мешает вам воплотить в жизнь удачу, изобилие и счастье прямо СЕЙЧАС?

Боремся с необходимостью быть жертвой!

Что необходимо сделать, чтобы навсегда понять сознание жертвы? Интересный вопрос. Потому что каждый скажет, что ему нужно от него избавиться. Каждый. Но это не будет правдой.
Многие будут хвататься за такое сознание, так как оно избавит их от необходимости что-либо совершать. Оно дает им готовое извинение. Такой тип неправильного мышления может проявлятся во многих областях вашей жизни...

Я, например, помню свои «проблемы со спиной». Когда я заводил очередную любовную интрижку, то все происходило по одному и тому же сценарию:

я просыпался и вставал с постели, поддерживая себя сзади. Моя любовница спрашивала что-то вроде: «Что случилось? Проблемы со спиной?». «Ага, — отвечал я, — у меня болит спина». Это провоцировало дальнейшие обсуждения на тему грелок, массажей, горячих ванн, хирургических вмешательств и другого лечения моей больной спины. Так что теперь мои любовные отношения ассоциировались только с «больной спиной».

А что было на самом деле?

Это был мой ответ на имеющее тогда во мне место быть эмоциональное развитие. А именно: невозможность давать или принимать любовь. Как было принято в моей семье, я никогда не обнимал кого-либо, не выражал свою привязанность, и очень редко говорил «Я люблю тебя». После нескольких лет лечения я заметил очень забавную вещь... Как только я развил способность выражать и принимать любовь, отпала необходимость в «больной спине»! Я понял, что создавал себе проблемы со спиной, аллергией и другими болезнями только потому, что таким образом пытался привлечь внимание и участие к себе. Что расценивал как любовь. М-да, как будто от кошмара очнулся.

Так зачем я все это вам рассказываю?

Чтобы вытащить на поверхность острый вопрос: как вы воспринимаете себя? Вы уже видели собственную удачу и процветание? Знаете ли вы, как изменится жизнь, если вы достигнете процветания? Или вы все еще считаете себя благородным неудачником, побеждающим препятствие за препятствием? Над этим действительно стоит задуматься.

Глава вторая

Снимаемся в собственном художественном фильме

Что же удерживало ту супружескую пару из моей группы от принятия бизнес-плана, сулящего им десятки миллионов долларов, который я для них составил? Может, то же самое мешает и вам?

Подумайте о целях, которых хотели бы достичь. Многого ли вы хотите? И, что более важно, подумали ли вы о том, какую роль они будут играть в вашей жизни?

Предположим, вы заявляете, что хотите зарабатывать 2 миллиона долларов в год. Знаете ли вы, как это может для вас выглядеть? Сколько это в месяц? А расчет на неделю? Сколько налогов нужно платить? В каком доме вы бы жили? Сколько и какие у вас были бы машины? Как это повлияет на ваши отношения с близкими людьми?

Или, предположим, вы мечтаете стать профессиональным футболистом или виртуозом-пианистом. Как будет проходить ваш обычный день? Что бы вы делали?

Чем подробнее, чаще и реальнее вы себе представляете процветание, тем быстрее вы его к себе привлечете.

Один мой друг по имени Ричард Брук, глава крупной интернет-маркетинговой компании, часто ведет семинары по людским мечтаниям. На них он рассказывает пару интересных историй, которые весьма уместно будет здесь упомянуть.

Однажды прогуливаясь, он вдруг увидел киоск, где за определенную плату ваше лицо печатали на поддельной обложке какого-нибудь журнала развлечения ради. Он сфотографировался, и его фото поместили на обложку журнала «SUCCESS». Он поставил ее в рамку и держал в офисе на своем столе, таким образом замечая ее каждый день.

Примерно два года спустя «SUCCESS» решил написать статью о росте интернет-маркетинга. Сотрудники журнала хотели поместить на обложку президента компании «Amway», но их поджимали сроки, а он не отвечал на звонки. Тогда они позвали Ричарда, сделали его снимок и поместили на обложку. До сих пор он утверждает, что причиной произошедшего была именно та шутливая фотография в его офисе.

Он смотрел на себя как на лицо журнала целых два года. Поэтому и реализовал свою мечту, что был готов принять процветание!

На своих занятиях Ричард просит людей написать сценарий их идеального дня. Например, предположим, вы мечтаете стать главным продюсером той компании, с которой работаете. Напишите свой сценарий.

Вы можете выбрать день ежегодного собрания, на котором вас наградят. Начните писать с того, как вы просыпаетесь утром. Расскажите, например, об аромате кофе, доносящемся до вас из кухни. Почувствуйте легкий ветерок от открытого окна, услышьте, как радостно гавкает собака, когда вы спускатесь. Опишите ваш завтрак, разговор с любимой.

Можете упомянуть, как вы подъезжаете на гоночной «ламборджини» с кожаными сидениями к отелю, в котором у вас проходит конференция, как ваше выступление встречают бурными аплодисментами. Главное при этом то, что вы включаете все свои чувства и рисуете эту картину настолько живой, насколько возможно.

Все, что для настоящего голливудского сценария было бы мелочно, для вас очень важно. Поэтому не упускайте деталей. Поэтому если вы на завтрак едите бублик с корицей, покрытый сливочным сыром и домашним клубничным вареньем, — запишите это!

Вам нужно полно и тщательно записать ваш идеальный день — день, который вы хотели бы воплотить в жизнь. Вам нужно видеть, слышать, пробовать, нюхать, трогать, ЧУВСТВОВАТЬ его. Только когда вы будете переживать процветание в вашем сознании и в вашем сердце, вы сможете перенести его на физический план.

Никому не показывайте этот сценарий, кроме тех, кто вас поддерживает и вдохновляет. Большинство «из толпы» будет завидовать вам и насмехаться над вами. Поверяйте его только тем, на кого можете рассчитывать, на ваших спутников по пути к успеху.

Храните его в каком-нибудь месте вроде, скажем, планнера, кейса или портмоне, так чтоб он был у вас каждый день под рукой. Если вы стоите в очереди за овощами, вместо того чтобы рассматривать ценники — почитайте несколько строчек из сценария. Или если в течение дня вы чувствуете себя подавленным и опустошенным, закройте дверь, снимите трубку телефона и читайте ваш сценарий.

Он поможет вам сконцентрироваться, успокоиться и усилить позитивное программирование на ваше подсознание. Это очень мощный инструмент для достижения процветания.

Начните писать свой сценарий сегодня!

Глава третья

Опасность негативного программирования

Так что же может вас удерживать от предназначенного вам по жизни процветания?

Внушение того, что деньги — это плохо, богачи — это зло, а бедность — это добродетель. Вас так программировали с самого детства.

Я вырос на таких телевизионных передачах, как «Остров Джиллигана», «МЭШ» и «Простачки из Беверли Хиллз». Не правда ли, глупые и довольно безобидные передачки? А теперь рассмотрим их с точки зрения процветания.

Помните миллионера из шоу Джиллигана? Он носил претенциозное имя и всегда изображался как совершенно тупой, но богатый счастливчик. А как показаны банкир и обеспеченные люди в «Простачках»? Они всегда представлялись как здравомыслящие, довольно приземленные люди, которых смущало и удивляло, как по-сумасшедшему ведут себя богатые.

«МЭШ» в основном показывал двух хороших парней, потом там был еще и плохой парень, обычно богач, который посещал оперу и у которого тоже было претенциозное имечко. Я мог бы продолжать, но главное вы поняли. Оглядываясь назад, я осознаю, что меня настраивали против богатых с 10 лет!

А вы? Если вы выросли в другое время нежели я, то подумайте о том, что вы смотрели. Как изображались там богачи? (Вспомните Дж. Р. Из «Далласа», всех коварных миллионеров из «Династии», о том, как средства массовой информации освещают истории жизни таких супербогачей как Билл Гейтс, Росс Перо и Тед Тернер).

Знаете ли вы, что среднестатистический человек смотрит телевизор 6 часов в день? Что равняется 42 часам в неделю и 168 часам в месяц. Это значит, что за один месяц можно просмотреть 6,720 рекламных роликов и в сумме провести около 7 полных суток, впитывая в себя негативную и вредную информацию.

А каждый раз, когда вы слушаете радио, то захламляете свой мозг еще большим количеством ненужной информации и рекламы. От 5 до 10 часов такого влияния в неделю или 20 — 40 — в месяц вы можете быть обязаны радио в своей машине.

Опасайтесь также газет и журналов. Газеты полны сообщений, написанных людьми, которые не разбираются в том, о чем пишут. Чтобы продавать еще больше газет, им необходимо привлечь ваше внимание, чем они повсеместно и пользуются.

На сегодняшний день лучше ситуация не стала. На самом деле, как вы могли заметить, она становится гораздо хуже.

В прошлом году, когда должна была выйти книга «Дневники Нэнни», я предсказал, что она приобретет невероятную популярность. Так и получилось. Как я узнал?

Я прочел отзыв в газете «USA Today» и стало очевидным, что книга была призвана оказать низменное негативное и вредное влияние, которое массы приветствуют. Рецензия начиналась словами: «Вы все отлично знаете, что богатство и хорошая физическая форма не являются признаками счастья».

В этом одном предложении есть все, что вам нужно знать о роли, которую играют средства массовой информации в формировании вашего восприятия счастья, удачи и богатства. Но это еще не все.

Статья и сама книга просто пропитаны утверждениями, способными сформировать неправильное сознание.

«...прекрасно изображает такую чужую и изнеженную жизнь нью-йоркской элиты, то как они удачно избегают своей обязанности воспитывать собственное чадо».

«...великолепно раскрывает мир очень богатой женщины, которая тратит много энергии, отслеживая, что едят ее дети, но у которой совершенно нет времени общаться с ними».

«...как взрослая, интеллигентная женщина превратила свое идеальное королевство в мир пронумерованных шкафчиков для нижнего белья и французского сухого молока? Есть ли место ребенку в этом доме?».

«...миссис ИКС тратит все свое время на прихорашивание, на поддержание идеальной чистоты в собственной богатой квартире (где, конечно же есть и горничная) и на то, чтобы следить, как бы Грэер не запачкал ее шикарные шмотки».

«...для обоих родителей ребенок — всего лишь модный аксессуар, а не маленький мальчик с большими неудовлетворенными эмоциональными потребностями».

«...мистер ИКС слишком занят охочей до застежки на его брюках любовницей».

Какие выводы вы можете сделать, прочитав это?

- Вы можете стать богатым, но это не значит, что вы станете счастливым.
- Богатые не воспитывают своих детей.
- Богатые женщины слишком заняты светскими тусовками, чтобы проводить время с детьми.
- Здоровые, худощавые люди в хорошей спортивной форме — эгоисты.

- Богатые женщины — тщеславные, пустые и серые.
- Богатые мужчины — трудоголики, которые совершенно не заботятся о собственной семье, а думают только о том, как заработать деньги.
- Все богатые — прелюбодеи.

Заметьте, что ни автор книги, ни репортер этого не говорили. Они просто предоставили вам «ниточку», по которой вы сами дойдете до таких решений.

Возникает закономерный вопрос: почему кто-то хочет, чтобы мы верили во все то, что было сказано выше о здоровых, богатых и успешных людях?

Просто таким образом этот «кто-то» оправдывает свою жизнь, проведенную в тихом отчаянии.

Если у вас проблемы с весом, и вы не в очень хорошей форме, то как утешительно для вас будет сознание того, что здоровые и худые люди не обязательно счастливы. Взглянем правде в глаза, потому что иначе это было бы слишком. Мы бы не вынесли, если бы знали, что кто-то и здоров, и счастлив.

Зная, что богатые — плохие родители, мы бы чувствовали гордость за свои вечные несчастья. А то, что богатые тщеславны и тупы и обманывают своих жен и мужей, для нас явится оправданием того, что мы так и не открыли свое дело, так и не получили повышения, так и не последовали за своей мечтой.

Большинство людей проводит целый день сплетничая и пересказывая друг-другу ту информацию, которую они почерпнули из слухов или из средств массовой информации. Наши самые лучшие друзья, несмотря на то, что мы их очень любим, могут неосознанно стать нашими худшими врагами просто оставаясь собой. Например, рассказывая нам о том, насколько плоха сегодняшняя экономика, о поезде, недавно сошедшем с рельсов, о чьих-нибудь проблемах со здоровьем и о том, кто кому изменяет. Удостоверьтесь, что эти люди не подрывают вашу философию процветания.

Если вы когда-нибудь слышали, как я представляю основные тезисы моей программы «Победи сомнение, создавай судьбу», то помните, что я говорил о фильме «Титаник». Это, наверное, самый вредный из всех когда-либо снятых фильмов. Он уровень за уровнем программирует вас на то, что деньги — это плохо, богатые — это зло, а бедность — это благодетель. Конечно, он стал самым популярным фильмом всех времен.

Почему?

Потому что он потворствует негативной части вашего сознания.

Как и самый знаменитый фильм прошлого года «Человек-паук». Своим успехом он обязан, по большей части, скрытым негативным и вредным сообщениям. Если вам не бросилось это в глаза, пока вы смотрели фильм, значит вам надо хорошо поработать в этой области вашего сознания.

Приведу пример нескольких таких подсознательных сообщений, которые навязывает фильм.

Бедность — это благородно. У нас имеются бедные родственники, которые вырастили несчастного сироту — Питера Паркера. (Кстати, никогда не замечали, как много у нас сирот в популярной литературе? Самыми известными сиротами кроме человека-паука являются Бэтмен, Супермен, Гарри Поттер и многие другие...) В фильме даже есть момент, где дядя Питера говорит наиболее вредные для сознания процветания слова: «Неважно, что мы бедны, по крайней мере — мы честные!».

Читаем на подсознательном уровне: все богачи — жулики.

Это второе подсознательное сообщение. А главный злодей в фильме, конечно же, промышленник-миллиардер. Он олицетворяет собой богатство и честолюбие — дьявол во плоти.

Такие сообщения повторяются снова и снова...

А помните сценку, где Питер наконец решается заговорить с соседской девчонкой? Вроде как он ей нравится, но затем появляется богатый парнишка на своей новой машине (папа на день рождения купил). Она бросает Питера, как грязную и рваную перчатку, прыгает в машину и уносится со своим дружком прочь.

Вас все еще удивляет, почему вы выросли ненавидя богатых и подсознательно не желая походить на них? Однажды посеянное в вас сомнение порождает вину. Именно эта вина способна помешать принять предназначающееся вам богатство! А теперь посмотрим, чем все это заканчивается.

Глава четвертая
Благодетель эгоизма

Итак, мы знаем, что с самого раннего детства на ваше сознание влияет информационная сфера (телевидение, радио, пресса, семья, друзья, интернет и т. д.). Каким образом это препятствует вашему успеху?

Сначала вы понимаете, что можете смутить семью. Затем осознаете, что и друзья могут вас сторониться. А затем, когда вы начнете идти к благополучию, люди, зараженные негативными мыслями, станут приставать к вам с вопросами:

— Сколько-сколько ты заплатил? А это не много?

— А сколько тебе потребуется?

Ну и, конечно, мое любимое:

— Дети в Африке голодают, а ты платишь энное количество долларов за это!?

Вы начинаете чувствовать себя виноватым, когда покупаете дорогие вещи. А если у вас хорошее здоровье, все в порядке в личной жизни, вы начинаете преуменьшать свои заслуги в кругу тех друзей, у которых этого нет. Вы держите свет под спудом, так как хотите вписаться. Вы можете деградировать, подшучивая над собой заодно с ними.

И очень скоро сами начнете верить во все, что говорите.

Эту часть книги я пишу, сидя на борту самолета № 001 компании «Бритиш Эйрвэйз», который также известен под названием «Конкорд». Вот что я называю благополучием. Когда вы можете сесть на самолет в Нью-Йорке и уже через несколько часов будете в Лондоне, как раз к чаю! Мне не терпится совершить такое же обратное путешествие в понедельник. Я доберусь до дому на полчаса раньше, чем вылетел!

Есть ли предел?

Прокатиться на этой крошке стоит около 12 штук баксов. На обычном самолете 9 или 10 часов в воздухе первым классом обойдутся вам в 5 тысяч. А поискав, можно найти местечко и в багажном отделении менее чем за 800 долларов.

Так сколько стоит ваше время? Сколько — ваш комфорт? Будут ли вас мучить угрызения совести за потраченные на билет 12 тысяч? Если да, то почему? Вы когда-нибудь пытались осознать: откуда они появляются? Согласны ли вы, что связано это с тем влиянием, которое мы обсуждали?

Не связано ли чувство вины, которое возникает или возникало у вас в прошлом, с идеей, что если что-то хорошее происходит с вами, то с кем-то другим случаются неприятности? Вот что происходит со многими. Все это основано на заблуждении, что ресурсы не бесконечны.

Если вы принадлежите к большинству, то вас будет мучить совесть за 12 тысяч долларов, потраченных на билет на «Конкорд». Вам будет казаться, что эти лишние деньги можно было отдать бездомным, пожертвовать церкви или вложить в поиски панацеи от рака и т. д. Причина проста: вам может казаться, что 12 тысяч — это последние деньги. Которые можно потратить либо на билет, либо на доброе дело, но только на одно из двух. Основано это на заблуждении, что деньги — ограничены.

Что очень далеко от истины...

Потому что можно потратить 12 тысяч на билет и пожертвовать ЕЩЕ 12 тысяч на ночлежные дома, церковь или благотворительность. Вам просто нужно заработать больше денег! А если не знаете как — учитесь! (В чем книги данной серии вам очень помогут).

Деньги, как и любовь, материя и т. д. неисчисляемы. Все эти ресурсы могут быть восстановлены. Достаточно просто вашего желания.

Однажды я получил письмо от кого-то из аудитории в церкви, где я вел свою службу. Я рассказывал историю про полет на Таити на самолете первым классом. И как я жил в хорошем одноэтажном домике над водой, где я мог кормить рыбок прямо из окна. Я объяснял, что поскольку деньги бесконечны, то я могу путешествовать первым классом и при этом совершать кучу других хороших вещей.

Автор письма не вдохновилась моими объяснениями, спрашивая, поделился ли я своими бесконечными ресурсами с людьми, живущими в «беспросветной бедности» всего лишь в нескольких метрах от моего «шикарного жилища». И «отдал ли я хоть часть из них бедной матери-одиночке, надрывающейся на двух работах, у которой нет денег поехать даже в Опа Локу[1] , не то что на Таити».

Основание для таких заявлений, конечно же, такое: «У тебя есть много всего, а у других нет. Им это нужнее. Тебе должно быть стыдно за это, ты должен раздать все свои деньги, пока не станешь как они».

ЭТО ВРЕДНОЕ ЗАБЛУЖДЕНИЕ ДЕЛАЕТ ЛЮДЕЙ НЕСЧАСТНЫМИ!

Суть его такова: тот, кто достаточно богат, должен раздать это богатство тем несчастным, у кого его нет. Почему? Потому что нет его у них. Им оно «нужнее».

Это абсолютно негуманно и неблагополучно, потому что под угрозой находятся законы процветания и человеческого достоинства. А процветание и достоинство основаны на принципе одной ценности взамен другой (типа: что посеешь, то и пожнешь).

Настоящее процветание основано на принципе эгоизма. Да, эгоизма.

Что вы чувствуете, когда я вам так говорю? А что вы чувствуете, когда другие называют вас эгоистом?

Что бы вы подумали, если бы я сказал, что эгоизм — это хорошо? На самом деле эгоизм — это ваша моральная прерогатива.

Эйн Рэнд написала книгу под названием «Благодетель эгоизма». На вопрос: почему в заглавии использовано слово, которое у многих вызывает откровенное чувство антипатии, она ответила так: «Потому что вы этого боитесь».

Я, как и Рэнд, использую слово «эгоистичный», чтобы описать добродетельные черты характера. Позвольте я объясню...

Определение слова «эгоизм» в словаре звучит так: *«Предпочтение своих, личных интересов интересам других»*. Что означает, что я считаюсь только с собой, и мне все равно, что думают другие. Заметьте, что скрытых положительных или отрицательных оценок дефиниция этого слова не несет. *«Предпоч-*

тение интересам других» не означает, что вы как-то им этим вредите. Просто вы довольно здравомыслящий и приспособленный человек и сначала удовлетворяете свои потребности. Хотя думать таким образом вам не позволит большая часть общества или, как еще она называется, «толпа»...

Они скажут вам, что моралью велено ставить интересы многих превыше интересов одного. Вы должны пожертвовать собой ради «высшего блага».

Такое заблуждение вредит вашей самооценке и жизни. Отказавшись от собственного счастья ради других, знакомы они вам или нет, вы лишь подтвердите, что недостойны даже собственного внимания. На самом деле это негуманно и вредно для вашего сознания.

Ваше выживание и стремление к счастью должны позволить сформироваться собственной системе ценностей. Вы должны собственными средствами строить вашу жизнь, вводить ее в определяемые вами же рамки для собственного удовольствия. Остальное для вас вредно. **А все вредное для личности на самом деле может быть губительно и для общества в целом.** Не думайте, что общество способно это понять. Оно не способно.

Толпа будет утверждать, что нужды масс должны стоять на первом месте по отношению к нуждам индивида. Толпа потребует от вас заботы о менее благополучных.

Звучит довольно невинно, не правда ли? Хорошо, посмотрим поближе. Представьте...

Воскресенье. Вы поливаете лужайку за домом, когда у вашего подъезда останавливается машина, за рулем которой сидит ваш старый друг Эдди. Вам известно, что он потерял работу, жена выперла его из дому и ему больше некуда пойти.

Эдди всегда был в эпицентре всех неприятностей, вот почему в последнее время вы с ним редко встречались. Но вам жаль его, и вы приглашаете друга к себе домой на ночь. На следующий день Эдди просит у вас остаться еще на несколько дней, пока он не найдет себе жилища, он уверяет вас, что скоро найдет работу. Вы чувствуете себя немного неловко, но тем не менее соглашаетесь. В течение этой недели все планы Эдди на новую работу проваливаются, и, несмотря на то, что вы сильно переживаете, он и пальцем не шевелит, чтобы ее найти.

Неделя превращается в две, и вскоре мысль о том, чтобы поехать домой после работы, не вызывает у вас больше удовольствия. Такое ощущение, что дом уже вам не принадлежит. Вас возмущает такое положение дел, однако вы укоряете себя за эгоизм. Ведь бедному Эдди некуда податься. Тогда вы приходите домой и опять застаете Эдди смотрящим телевизор на вашем диване с банкой вашего пива в руках...

Немая сцена...

Я могу не продолжать, главное вы поняли.

Как выглядит ситуация?

Толпа скажет, что у бедного Эдди сейчас черная полоса в жизни, но так как он ваш друг, то вы просто обязаны ему помочь. Вам крупно повезло — представился шанс доказать вашу дружбу.

Вот вы живете в прекрасном большом доме с живописным внутренним двориком, а у него нет ничего. Кроме проблем с работой у него еще сломана машина и нет денег на ее ремонт. Купить новую машину он не в состоянии, банк не доверит ему кредита: «Эти дурацкие банки дают кредит только тем, кому он не нужен».

С работой у него совсем не ладится, ему нужны наличные, потому что вокруг него кружат кредиторы, которые могут лишить его заработка. Его бывшая, «корова», как он ее называет, также требует от него денег.

Разложим факты. У вас есть немного сбережений. У вас есть машина и дом. Вы работаете, и следующую зарплату дадут как раз в пятницу. У Эдди нет ни цента. Ему деньги «нужнее». Вам нет. Вас мучают угрызения совести за то, что у вас всего много, а у Эдди — мало.

Вот чем пользуются такие паразиты, как Эдди, чтобы добиться от вас желаемого. Но давайте копнем поглубже...

Пять лет назад вы вместе с Эдди работали в одной конторе. В конце рабочего дня, ровно в пять, Эдди уже был за дверью. «Зарплата у всех одинаковая, — говорил он, — лишнее время никто не оплатит». Но вы все равно оставались допоздна, потому что должны были закончить проекты, и вам нравилось каждый рабочий день начинать что-то новое, а не заканчивать старое. Вечера Эдди любил проводить в баре и часто уделял им времени больше, чем работе. Когда компании приходилось заниматься дополнительными проектами, вы добровольно брали их выполнение на себя. Эдди говорил, что это глупо с вашей стороны. А когда намечались повышения и продвижения по службе, то вы, конечно же, их получали. Эдди уволился через год, потому что, по его словам, «мало платят и потакают подхалимам».

Каждый месяц вы откладывали немного на черный день и на покупку дома. Эдди не мог себе этого позволить, потому что он «зарабатывал недостаточно». Его приоритетами были ночная жизнь в клубах, сигареты, кабельное телевидение, DVD-плеер и другие жизненные «предметы первой необходимости».

Вы же прожили без кабельного телевидения, сохраняя таким образом лишних 30 долларов в месяц. Вместо того чтобы смотреть новые голливудские фильмы по мере их выхода на экран, вы покупали их за 3 доллара, когда они выходили на кассетах. Вы не приобрели DVD, так как думали, что лучше положить денежки на свой сберегательный счет. Вы жили на меньшую сумму, нежели зарабатывали, и откладывали понемногу на будущее.

Толпа скажет так: «Бедный Эдди не может ухватить удачу за хвост». На самом деле все неприятности Эдди создавал себе сам.

То состояние, в котором он сейчас находится, — это результат тысячи маленьких решений, которые он принимает каждый день.

Он тратит по 6 долларов в день на сигареты, потому что «чертовы табачные компании подсадили меня на эту дрянь». Он покупает пачку пива по 12 банок в каждой упаковке два раза в неделю, потому что ему «надо расслабиться». Бывшая супруга его достает, потому что он уже два года как не платит алиментов. А банк не дает кредита на машину, так как он однажды был судим за то, что не вернул студенческий заем, когда бросил колледж.

Он всегда тратил больше, чем зарабатывал, а теперь, когда черный день наступил, ему неоткуда взять денег. Таким образом он развивает в себе ментальность «жертвы». В своей роли он провоцирует других на чувство вины за это, и поэтому они выносят его на своей спине из разных неприятностей. Он учится манипулировать своим положением для достижения максимального эффекта.

Конечно, надев маску жертвы, он подсознательно настраивает себя на еще большее количество неприятностей, всяческих трагедий и препятствий. Он научился манкировать законами процветания и жить одним днем, потому что всегда найдется хоть один человек, который может спасти его от расплаты. Так он движется по бесконечному кругу жертвы, от одной ситуации к другой. Он — вечно ненужный, брошенный и потерпевший.

Так что же нужно делать? Как поступить «по-христиански»? Как поступить «правильно»? Должны ли вы ему помочь?

Я думаю, что ответом будет «возможно». Но прежде, чем говорить это, давайте посмотрим, что же произойдет дальше...

На сегодняшний день социальная система готова помогать Эдди. Государство накормит, оденет Эдди и даст ему крышу над головой. Таких программ на непредвиденные случаи у него дюжины, и оно способно все их финансировать, потому что именно из нашего кармана государство достает на это деньги. Если вы откажетесь платить налоги, вас посадят.

А если бы вместо выплаты налогов государству в день выплаты зарплаты вы поступили бы иначе: получили чек и, в зависимости от того, где вы живете, отложили от зарплаты 35, 58 или 60 процен-

тов от заработанных денег, что в нормальной ситуации было бы налогом на доходы, потом сели бы в машину и направились к Эдди.
Эдди сидит на крыльце, потягивая пиво, и когда вы подъезжаете, злобно поглядывает на вас. Вы, в свою очередь, радостно выпрыгиваете из машины и, подойдя к нему, протягиваете чек.

«Здорово, Эдди! — говорите вы, — вот проезжал мимо и подумал: дай-ка заскочу и отдам твой чек. Вот, держи. Целый месяц еды, одежды, медицинского обслуживания, посещений дантиста и всяких развлечений. Там даже на пенсию тебе останется, потому что я получил повышение на прошлой неделе. Ну, я вижу, у тебя все в порядке. Э... Могу я еще что-нибудь для тебя сделать? Нет? Ладно, тогда я пошел. Надо кучу бумаг разобрать. Приятного тебе вечера, Эдди! Удачи. Увидимся в следующем месяце!»

Ну что, пойдете вы на такое когда-либо? На самом деле вы так уже поступаете, ведь это конечный результат системы государственного налогообложения. Она устроена так, что продуктивность штрафуется, а непродуктивность награждается. Наиболее желаемый товар на сегодняшний день — это незаслуженное поощрение.

В результате действия такой системы ваше самоуважение падает, решительность ослабевает по причине постоянного жертвования самого себя, своих ценностей для других, чтобы либо получить деньги, либо почувствовать моральное превосходство, либо избежать появления чувства вины. Без решимости под угрозой находится уверенность. Делая что-либо для самого себя, вы чувствуете вину и постоянно спрашиваете себя: «А стоит ли?».

Ключом к здоровью и процветанию будет крепкая решимость и отказ от всего, что хоть как-то не соответствует вашим ценностям в жизни. Только будучи сильным вы сами поможете другим: тем, кого вы любите и цените, кем восхищаетесь, потому что их ценности сродни вашим.

Когда вы в следующий раз будете на борту самолета во время взлета, заметьте, что во время знакомства пассажиров с безопасностью на борту вам советуют прежде надеть свою кислородную маску, а потом уже помогать это делать другим. Если вы действительно хотите помогать людям, то делайте это, находясь в позиции силы, а не слабости.

Я убежден, что недостаток эгоизма действует на личность разрушающе.

Путь самопожертвования помогает другим обрести над вами власть, недооценивание себя через достаточный промежуток времени может привести к самоуничтожению.

Только что я разговаривал по телефону с моим другом — главным управляющим ресторана. Он совсем недавно уволил своего друга, который проработал у него официантом 9 лет. Он должен был прийти к 6 часам утра в воскресенье. В 5.50 он позвонил и сказался больным. В понедельник его ждали в 7 часов. Но он не показался, даже не позвонил. Объявился этот официант лишь во вторник на встрече персонала и вел себя грубо и непочтительно. Стало ясно, что он опять подсел на наркотики. Поэтому мой друг и уволил его.

Выглядит жестоко и равнодушно? Неправда. В сущности, моему другу было очень тяжело принять такое решение. Но такого рода «грубая любовь» — лучший способ заставить данного индивида понять всю ответственность за собственные действия и пересмотреть свою жизнь.

Возьмем для примера бизнесмена, который нанимает жуткую работницу только потому, что ему жаль ее. Ему не хватает духа уволить ее, потому что, скажем, жизнь этого человека сломлена, ее мать — алкоголичка, а муж сидит в тюрьме. Поэтому, оставляя ее, он таким образом поощряет ее самоуничижительное поведение и стиль жизни.

Не от здравого суждения, а по доброте душевной оставив ее, таким образом начальник вынуждает других сотрудников принимать ее в состоянии упадка моральных и физических сил. Они начинают обижаться и злиться. Падает трудовая активность. Даже самые трудолюбивые и активные работники начинают возмущаться, потому что им кажется, что их недостаточно поощряют за вносимый ими в дело вклад. Ваши клиенты не получают достаточного сервиса, и вскоре такой бизнес может развалиться.

Но предположим, что бизнесмен повел себя по-другому, более эгоистично, руководствуясь личным благом и процветанием компании. Он вызывает к себе нерадивую работницу и, обрисовав ей ситуацию, увольняет ее. Возможно, это обернется необходимым для нее побудительным сигналом, и, встряхнувшись, она попытается изменить свое отношение к себе и к делу и получить лучшую работу. Ту, где бы она была эгоистично счастлива. А если и нет, то, по крайней мере, сама компания больше не будет под угрозой, как и сплоченный коллектив, работающий в ней.

Губит себя и жена, которая терпеливо сносит побои мужа. Год за годом она терпит нескончаемый поток эмоционального и физического террора. В свой 30-й день рождения она выглядит 50-летней и столь хрупкой, что сильный северный ветер точно собьет ее с ног. История любви получила ужасающее развитие.

Однако представьте, что если бы она была решительна, уверена в своих жизненных ценностях и покинула бы мужа после первого же оскорбления? Так она бы эгоистично спасла себя от жизни, полной отчаяния, вместо того, чтобы прозябать жертвенной овцой в руках тирана.

В свободном же обществе, где сначала удовлетворяются потребности индивида, люди свободны от вины и волнений.

Самопожертвование — это больше, нежели просто корни низкой самооценки. Это не способствует благополучию, а, следовательно, и не гуманно.

Ибо когда толпа высасывает жизненую энергию из активных граждан, то у них не остается больше резона быть активными.

Честные и чистые душой люди должны учиться жить по свободному закону обмена одной ценности на другую с остальными людьми. Никаких поблажек. Никакой гордости за то, чего не заслужил.

Хочу привести вам в пример вымышленную ситуацию, на ее создание меня вдохновило письмо моего друга Стюарта Голдсмита.

Представьте, что в данный момент мы летим на Бали, на встречу, связанную с вопросами процветания, и вдруг самолет делает вынужденную посадку. И вот мы выброшены на необитаемом острове вместе с другими 20 семьями. Будучи совершенно изолированными от остального мира и находясь во власти стихий, мы быстро начинаем возводить укрытия и хижины из бамбука, растущего в непроходимых джунглях, окружающих этот остров. Мы ищем источник свежей питьевой воды, который оказывается на половине пути в гору с обратной ее стороны, примерно в двух часах ходьбы от лагеря.

К счастью, в море вокруг нас есть раки и рыба, моллюски и мидии, а на самом острове растут пальмовые и фруктовые деревья, поэтому при должной изобретательности и умении еды может оказаться вдоволь. Мы разрываемся между охотой и собирательством, укреплением наших хижин, сооружением костров и готовкой... поэтому после исполнения необходимой для выживания наших семей работы мы валимся полностью выжатые на самодельные кровати из пальмовых листьев.

Так как наша группа довольно маленькая, то мы скоро понимаем, что, работая с остальными и обмениваясь ценностями друг с другом, мы можем выполнять ту же работу более продуктивно. Поэтому все начинают заключать соглашения: «Сегодня я пойду и добуду воды и хвороста и для своей семьи, и для твоей, только если ты потратишь этот день на ремонт крыши моей хижины. А завтра, пока я буду собирать моллюсков и кокосовые орехи для обеих семей, ты пойдешь за хворостом и водой».

Здорово... Вроде все получается, но дальнейшего прогресса пока не видно.

А хотелось бы, ибо прогресс пойдет нам на пользу, глядишь, и жить сразу всем станет немного легче: освободиться от тяжелой и нудной работы и пожить в свое удовольствие — больше времени, больше свободы, больше развлечений.

Итак однажды, когда вы лежите на спине и чувствуете себя совершенно разбитым после того, как проделали невероятный путь в 100 футов, спускаясь по откосу, чтобы набрать воды, вам приходит замечательная идея! Что если вам удастся установить водопроводную систему, используя для этого полые стволы бамбука, и таким образом доставлять воду в лагерь? Это избавит вас от таскания ее на себе.

Здорово! Но откуда можно взять время на воплощение такого грандиозного проекта, тогда как вам необходимо заботиться о каждодневной рутинной добыче еды и ремонте укрытий?

Вы больше работаете. Ночью, пока остальные отдыхают, вы пашете лишних два часа, сооружая свой водопровод. После нескольких недель изнурительной работы вы наконец завершаете задуманное.

Вечером у костра вы встаете и предлагаете следующее: «Каждый день вы тратили свои утренние часы на то, чтобы таскаться за водой. Я разработал и построил водопровод, который будет доставлять нам воду прямо в лагерь. Думаю, что могу обменивать ее на рыбу, кокосовые орехи, одежду и другие продукты вашего труда. Такая торговля будет честным обменом ценностей.

Ваша выгода будет заключаться в том, что вам больше не нужно будет карабкаться в гору по четыре часа каждый день. Я же выигрываю от этого, потому что мне не придется больше заниматься рыбной ловлей, охотой и выращиванием овощей и фруктов. Все, что вам нужно делать в любой из этих горячих тропических дней, так это выйти из своей хижины в центр нашего сообщества и налить себе стаканчик холодной шипящей горной водицы. В обмен на использование моего водопровода каждая семья обязуется отдавать один час работы, охоты и собирательства на пользу моей семье. Это значит, что новая система водопровода сэкономит всем три из четырех часов похода за водой. Я же буду экономить девятнадцать часов, потому что все смогу получить от торговли. Я хочу быть вознагражден за свою изобретательность и новаторство.

У меня были эгоистичные мотивы, однако лучше от этого станет всем».

Креативность и усилия — вот залог успеха. Не так легко было затаскивать бамбук в гору, устанавливать его там и связывать части системы, но ВЫ все это сделали. Вам полагается чувствовать гордость. Вы только что приобрели девятнадцать свободных от труда часов. Раньше вы работали двенадцать часов. Теперь не работаете девятнадцать. Это означает, что у вас появился излишек времени в семь часов, во время которого вам будут поставлять продукты и материалы.

Итак, вы решаете открыть магазин «7-8». Который работает с 7 до 8 каждый вечер. Вы обмениваете излишек товаров на другие. Вы продолжаете торговать и приобретаете еще больше всякой всячины. Скоро вы уже воздвигаете дополнительные помещения для вашего жилища. Добавляете бильярдную комнату и украшаете заднюю часть дома. Далее по плану: трехместный гараж и бассейн на заднем дворе. Вы пожинаете плоды вашего труда и вашей изобретательности.

Заметьте, что никто вас не заставлял заключать подобное соглашение. Если кто-то не хочет отдавать вам час своего труда взамен, пусть тогда продолжает карабкаться в горы и сам набирать воду. Конечно же, никто этого не хочет, потому что это было бы глупо, это отнимало бы три часа дополнительной работы.

А тут и ваш сосед Фрэд вдохновился вашим изобретением. Он решает использовать те три часа, которые раньше уходили на сбор воды, для того, чтобы построить прочную лодку из полого дерева. Теперь он может заплывать на глубину, где водится рыба покрупнее. Он сооружает сеть из лиан и таким образом одновременно вылавливает больше рыбы, вместо того, чтобы ждать когда какая-нибудь редкая рыбешка заплывет к скалам, чтобы попробовать проткнуть ее копьем.

Он открывает ресторан «Рыба у Фреда» со свободным рыбным буфетом по пятницам. Рыба очень вкусная, а по пятницам в его заведении собирается толпа. Становится тяжело обслужить всех одновременно, поэтому ваш сосед нанимает даму из хижины № 6, чтобы та помогла ему всех обслужить. И парня из 11-й хижины, чтобы смешивать ананасовые и манговые коктейли. Такой неполный рабочий день приносит им несколько лишних кокосовых орехов, которые можно обменять на товары и необходимые услуги.

Тем временем Фрэд преуспевает. Он открывает второй ресторан на другой стороне острова. А так как он является первым основателем успешной сети заведений, он становится общественным учителем по программе процветания. Его вдохновенная речь о том «что и вы это можете», «из грязи в князи», открывает глаза миллионам людей (ну хорошо, десятку людей) по всему миру (ладно, острову).

Теперь он может целыми днями спокойно валять дурака и плести фенички. Вы с Фрэдом организуете курсы игры в гольф, чтобы как-то убить время после обеда. Он учится играть на тамтамах, сделанных из кокосовых орехов, а вы соком различных ягод начинаете рисовать пейзажи. Так на вашем острове зарождается искусство.

Возможности в раю окружают вас. *Конечно, другим семьям, которые пока еще не соорудили ничего себе в помощь, все кажется немного иначе...*

На самом деле кажется, что они практически забыли о том, кто и с помощью чего позволил им сэкономить их время и силы. Они видят, что вы праздно валяетесь в гамаке, тогда как им в это время надо собирать ягоды и выкапывать коренья. Они начинают обижаться и завидовать, потому что это «нечестно».

Они созывают городское собрание, где решают избрать правительство. Тут же образовывается народническая партия, которая побеждает при голосовании всех собравшихся 18:2. Они тут же провозглашают социализм «для блага большинства». А так как им необходимо получать зарплату, нанимать инспекторов, контролирующих распределение воды из водопровода, людей, которые бы следили за рыбацкой лодкой и уборщиков, которые мели бы полы в новом здании городского управления, то вводится налоговая система.

Жители деревушки начинают возмущаться. Добром это не кончится. Им не нравится платить налоги.

Тогда новый мэр объявляет, что у каждого есть «право» на воду и большую рыбу, поэтому он собирается национализировать водопровод и рыбный промысел. Правительство забирает у вас ваше изобретение, а у Фрэда крадет его лодку. Теперь жители согласно кивают. Они понимают, что им не придется отдавать час своего труда кому бы то ни было. Всем необходимым их обеспечит правительство. Налоги теперь уже не так страшны, так как это позволит всем пользоваться вашим с Фрэдом карманами. Теперь все становится «честным». Ваш маленький остров встал на социалистический путь. Это как коммунизм, только в гриме.

Это начало конца...

Поэтому сценарию простые островитяне просто из чувства обиды «конфискуют средства производства» по праву толпы. Если бы вы начали сопротивляться, то вас бы заключили в тюрьму или казнили как «врага государства». Толпа будет счастлива, теперь у них есть свободный доступ к воде и рыбацкой лодке. (Конечно не бесплатно, но налоги меньше по сравнению с тем, что они получают взамен.)

А что же потом?

Кэти, которая придумала, как обуздать силу ветра и энергию солнца, чтобы получить на острове электричество, подумает: «А зачем утруждаться?». Фернандо, который изобрел кокосоразбиватель, решит то же самое. Они правильно заключат, что дополнительный труд и потраченные на изобретения ресурсы никогда не будут вознаграждены, потому что правительство отнимет их новинки и передаст бездельникам.

Прогресс остановится. Лекарства от болезней так и не найдут. Никто не будет ничего изобретать, а жизнь так и останется на уровне примитивной борьбы за выживание. В реальности люди так и будут ждать халявных подачек. В конце концов изначально маленький коллектив уменьшится совсем или самоуничтожится.

Мир имел возможность убедиться в том, что коммунизм не работает. Он проиграл во всем мире. «Осколки» его до сих пор существуют на Кубе, народ которой находится на грани полного упадка. Коммунистический эксперимент отчаянно провалился. То, что мы называем свободным предпринимательством в западном мире, на самом деле просто разбавленная версия социализма, не похожая на систему вымышленного правительства нашего острова.

Зачем я вам все это рассказываю?

Не для того, чтобы обсуждать политику, как бы интересно это ни казалось. Это нужно для того, чтобы вы осознали все вредное влияние, оказанное на вас с самого раннего детства. И поняли, **что сама система, в которой вы живете, влияет на вас, заставляет чувствовать угрызения совести за собственный успех, а побуждает на меньшее, чем вы способны,** создавая таким образом зависящих друг от друга и ни на что не способных людей. **Принимая такое мышление, вы почти лишаетесь шансов на настоящий успех.**

Как человеческие существа с креативным мышлением мы восстаем против толпы, которая хочет получить что-нибудь из ничего, и против правительств по всему миру, которые хотят потакать этой толпе в ее желаниях.

Грустно, но факт: государство не желает вам успеха. Вы интересуете его только как рабочий винтик в системе, где можно спокойно разбазаривать деньги и при этом оставаться в стороне.

Правда, для этого есть еще несколько причин...

Ваша изобретательность и идея, попадающая в струю прогресса, может принести вам миллиарды, как когда-то Биллу Гейтсу и другим миллионерам. Это превращает вас в опасную угрозу — с такими деньгами легко свергнуть любое правительство.

Развив свободное мышление, вы сможете вырваться из системы и идти своим путем. А как тогда правительство будет пользоваться вашей жизненной энергией? И без средств для взимания налогов как оно сможет остаться в силе? Проходимцы и лентяи проголосовали за него только благодаря платформе этого правительства, основанной на сильно искаженной легенде о Робин Гуде.

Вся правда в том, что интеллигентному, сообразительному и креативному человеку для того, чтобы подняться над мародерами и паразитами и жить успешно и благополучно, нужно быть уверенным в своей решительности.

Вы увидите на своем пути к самосовершенствованию, что не только правительство отворачивает вас с этой дороги. Иногда это делают люди, которые вас окружают: друзья и семья.

Для примера расскажу вам правдивую историю. Жил однажды в маленьком городке местный магнат. Он сделал карьеру благодаря своей значительной деловой проницательности, приобретая в собственность различные газеты. Он выгодно вел их издательские дела, что позволило ему возвести гигантский красивый особняк на берегу океана. Земли в его владениях с лихвой хватило и на хобби его жены, которая любила выращивать цветы, излишки которых она продавала на местном рынке.

А так как этот мистер был сообразительным бизнесменом, то он нашел способ сократить свои налоги на доходы. Занятие своей жены он представил как хобби, зарегистрировав которое можно было бы свести налоговые расходы к одной десятой всех предыдущих выплат. Жена продавала цветы уже несколько лет, и все в их маленьком городе знали ее любовь к садоводству. Поэтому магнат нисколько не сомневался в успехе своего предприятия. Но о том, что мистер магнат и его предприимчивая жена списывают большую часть налогов, узнает местный репортер, который зарабатывает меньше 25—30 тысяч в год. Будучи социалистом по убеждению, он пишет едкую статью в местной газете: как смеет такой богач, собственник и владелец преступно скрывать свои доходы?

Вскоре все общество негодует: «Да как они смеют! Этот их коттедж во много раз больше, чем дома обывателей. А посмотрите какие у них машины!». Возникает социалистический протест: «А как же остальные люди? Почему магнаты могут урезать налоги, а обычные люди нет?».

При этом совершенно точно большинство митингующих не способно превратить свое хобби в процветающий бизнес, если вообще знает, чем занять себя в свободное время. Дело стало таким громким, что дошло и до местного правительства. Властям пришлось изменить законы, по которым садоводство нельзя было признавать хобби. Вся общественность вздохнула с облегчением.

Почему люди, обычно безразличные ко всему, начинают раздражаться, когда кто-то процветает благодаря собственной изобретательности? По-моему, негативное мышление так сильно укоренилось в них, что они презирают богатых. Они завидуют успешным.

В детстве я испытывал нечто похожее. Помню, я очень завидовал детям, у которых были минимотоциклы, машинки, разные другие игрушки; которые выезжали куда-нибудь на каникулах, чего моя семья не могла себе позволить. Достигнув того возраста, когда можно было получать водительские права, я смотрел на сверстников и завидовал еще больше, так как они могли позволить себе сразу же приобрести машину.

А когда я видел людей, живущих в красивых домах, я спрашивал себя: почему все это достается им, а не мне. Я думаю, многие задаются этим вопросом. Приобретая такое сознание толпы, вы становитесь жертвой. Прямо как наш дружок Эдди, с кого мы начали эту главу.

В данном случае, без собственного ведома, на подсознательном уровне, я стал ненавидеть богачей, я зло о них думал. Дело в том, что я сам хотел бы стать богатым. (По крайней мере, я так думал.) Я намеревался стать миллионером годам к 35. Почти каждую секунду мечтал о богатстве. Я желал большего от жизни. Мне не нравилось быть без гроша в кармане. Проблема заключалась в моем основном заблуждении: **богатые мне все еще казались плохими.**

Поэтому несмотря на свое желание разбогатеть, я продолжал совершать поступки, которые уводили меня от богатства все дальше и дальше. На работе, в своей компании, во время всех своих неудачных романов, приводящих к полной остановке саморазвития, я думал так же, как и окружающие меня люди.

Мы думали как жертвы.

С таким же настроем большинство людей живут всю жизнь. Они в конфликте с самими собой. Жертвы собственного подсознательного программирования.

К счастью, я достиг самого дна. Поэтому когда в кармане у меня было пусто, я мог без потерь избавиться и от негативного мышления. Начав с чистого листа, я стал наполнять жизнь знаниями, идеями, устремлениями, которые даровали бы мне гармонию процветания, которую я давно искал.

Правда, для этого пришлось поменять свое окружение и характер мышления...

Принимая веру в процветание и изобилие, вы перестаете употреблять то, что плохо сказывается на здоровье, не предпринимаете действий, которые не доводят до добра, не общаетесь с плохими людьми, которые могут вредно на вас повлиять. Вас это больше не привлекает.

Вместо этого начинаете правильно питаться, поэтому чувствуете себя на 100 процентов! С такой энергией и жизненной силой делаете только то, что приносит вам богатство. Когда вы славите свои жизненные ценности, то встречаете людей, разделяющих ваше отношение.

В сегодняшнем инертном мире миллиарды людей мыслят негативно. Хочу сказать, что большинство религий мира проповедует нужду, система образования учит жить просто, а мы являемся частью человеческой расы, которая верит, что награда достается добрым, но бедным.

Верите или нет, но толпа выбрала бедность, невзирая на то, что хочет денег. Средства массовой информации, телевидение, реклама из кожи вон лезут, чтобы показать эти заблуждения, потворствующие желанию одобрения толпы. Наша культура прославляет посредственность.

Чтобы пойти за своей мечтой, нужно быть очень храбрым. Часто над нами смеются за наши высокие надежды и устремления. Самое неприятное, что подобное часто начинается у нас дома, среди друзей и в семье.

Если вы не верите, то я прошу вас закрыть глаза на секунду и представить, что сейчас Новый год и в вашем доме полно родственников и друзей. В момент вдохновения вы просите всех замолчать и объявляете свои намерения в новом году стать миллиардером!

Как вы себя почувствуете в наступившей тишине и изумлении? Отречетесь ли от своих слов тотчас и скажете, что просто шутили?

А если вы просто подумаете об этом, какие это вызовет у вас ощущения?

Я уверен, что в школе вас никогда не учили процветанию. Теперь у меня много хороших друзей, учителей и я думаю, что не все учителя одинаковые. Большинство, однако, учит своих детей спускаться с небес на землю. Если кто-то хочет стать мультимиллионером, они посоветуют ему быть более реалистичным и устроиться на работу в какой-нибудь компании за 30 тысяч в год.

Они считают, что оказывают своим ученикам услугу, открывая реалии мира, но услуга эта — медвежья, потому что так разбиваются надежды.

Родственники поступают так же. Не подумайте, правда, что они желают вам зла. Наоборот, по-своему они хотят сделать как лучше. Родители советуют детям найти безопасную работу, а если повезет, то они даже смогут получать зарплату, утвержденную профсоюзом. Старики сетуют на то, что в их время все было гораздо сложнее. Вспоминают Депрессию и как тогда плохо жилось.

Именно дома мы учимся смотреть телевизор. А вы знаете, как я отношусь к телевидению и излучаемому им влиянию. Кстати, вы когда-нибудь видели рекламу шикарного стотысячного колье? А личного самолета? Машины «роллс-ройс»? На телевидении сейчас очень мало рекламируют что-нибудь действительно ценное. В основном это либо реклама последнего Хэппи Мила из «Макдональдса» за доллар и девяносто девять центов, либо пластиковой игрушки для детей. Много рекламы пива и колы, «Приходите за покупками в наш супермаркет!».

Толпа скупает все под негативным влиянием. У меня есть друзья и родственники, которые стали частью толпы. Они живут ею день ото дня.

Как я уже упоминал, чтобы вырваться из оков такого рода мышления или не-мышления, нужно быть очень храбрым. Для многих это — камень преткновения. Уйти из толпы — это всегда страшно.

Как про нас подумают друзья и родственники, если мы станем богаты? Они думают, что все богачи плохие, значит и мы тоже. А если я скажу о своих мечтах и надеждах друзьям, они меня не засмеют? Не будут ли они шептаться и подхихикивать за моей спиной? А если я уволюсь с так называемой «безопасной» работы, моя любимая или любимый не уйдет от меня? А если я буду упорно работать, но в конце концов ничего не получится? Все будут смеяться? А если мой дом будет больше, чем дом моих родителей, не затаят ли они злобу? Может, перестанут любить?

Страх успеха — прямой результат низкой самооценки и недостатка эгоизма. Вы увидите, что все эти вопросы касаются других, а не того, чье счастье неизбежно. Вас.

Думайте только хорошее! Заметив негативное влияние, удаляйте его из ваших мыслей. Хватит быть жертвенным мучеником, восстановите собственное самоуважение. Каждый на этой земле заслуживает процветания. Каждый способен на великое.

Каждый способен на великие свершения, нужно только настроиться на это.

Но для этого нужно обладать критическим мышлением. Чего толпа пока не способна сделать.

Зайдем с другой стороны: она не знает как думать. Ей так долго говорили ЧТО думать, что она уже не знает КАК думать. Какой вывод?

Большинство людей — глупы. Глупы как овцы, которых ведут на убой. Бессмысленные машины, следующие программе. Я не хочу показаться подлым или бездушным. Но если вам нужно действительное процветание, то я должен сообщить вам правду.

Чтобы принять свое процветание, нужно вести себя не так, как другие.

Причина, по которой многие живут тихим отчаянием, заключается в том, что они не обладают проницательностью. Билл Гейтс потому стал миллионером, что разглядел то, чего не видели другие.

Он задает вопросы. Он думает: «А что если?», «Почему?» и «Почему бы нет?». Он умеет различать, что хорошо, потому что действительно имеет смысл, и что хорошо, потому что другие думают также. Он идет вразрез с общественным мнением.

Так же как это делали Генри Форд, Дж. Пол Гетти, Эндрю Карнеги, Леонардо да Винчи, Маркони, Эдисон, Эйнштейн и другие великие мыслители во все времена. Успешные люди не думают как толпа. Они все время задают вопросы.

Так как мы начали говорить о Билле Гейтсе, то давайте сравним его способ мышления со способом мышления большинства. Когда я сидел в аэропорту в зале ожидания, мне в руки попался солидный деловой журнал. В одной из статей некий Стюарт Олсоп критиковал «Майкрософт» и Билла Гейтса. Под заголовком «Нужно привести это в порядок» он разглагольствует о том, что «Майкрософт» является монополией, и требует соответствующей реакции государства.

Какая легкая цель. Такая позиция точно найдет отклик в сердцах людей из толпы. Ну что же, все согласятся, что «Майкрософт» — это «звезда смерти», уничтожающая все на своем пути, пока полностью не завоюет весь мир. Сколько у него — 40, 50, 60 миллиардов? Сколько нужно, чтобы заявить об этом всем? Правильно?

Нет. Совсем неправильно.

Когда такой бесхитростный журналист, как Олсоп, потворствует негативным заблуждениям читателей, он просто показывает свою необразованность и незнание того, как работает капитализм и система свободного предпринимательства.

Когда кто-то спросил Эйн Рэнд почему американцы такие неинтеллектуальные, она ответила — потому что все американские интеллектуалы — не американцы.

Удивительно, как такой журнал, который должен быть символом системы американского свободного препринимательства, мог напечатать такую глупую социалистическую чушь. Но ведь напечатал же.

Как думаете, что происходит, когда вы читаете такую бессмысленную чепуху? Вас программируют на неудачу. Вы представляете себя беспомощной жертвой компании-миллиардера, а государство должно вас «защитить» от нее.

В чем вина «Майкрософт»? В том, что они создали програмное обеспечение, которое хотят использовать миллионы. Миллионы таких как и я, совсем не компьютерных гениев, тех кто понял, что можно работать на компьютере, используя операционную систему Windows.

Но стойте, скажете вы. Разве правительство США не говорило, что «Майкрософт» связал свой интернет-браузер с операционной системой, таким образом подавляя торговлю и создавая монополию?
(М-да.) Приведем аналогию. Предположим, я и Тони Робинсон проводим в эти выходные семинар, причем оба в Чикаго. Когда вы записываетесь на мой семинар, я предлагаю бесплатный аудиоальбом. Должен ли Тони подать на меня в суд? Или послать петицию в правительство? Заявив, что я занимаюсь нечестной торговлей, ее ограничением и созданием монополии.

Почему бы ему просто не предложить на семинарах свой бесплатный аудиоальбом? Или лучше два!

Видите ли, государству не нужно узаконивать лекционные курсы, контролировать цены или определять их ценность. Позвольте работать системе свободного предпринимательства, и она сама позаботится о покупателе. Конкуренция — вот что сохраняет низкие цены при высоком качестве.

Если вы действительно решили посвятить свою жизнь процветанию, то Билл Гейтс должен стать вашим главным кумиром. А компания «Майкрософт» должна рассматриваться американским правительством как воплощение сбывшейся американской мечты.

Легко представить «Майкрософт» многомиллионным монстром, пожирающим все на своем пути. Так делают Олсоп и большая часть корреспондентов средств потребительской массовой информации. Легко зубоскалить за спиной у богачей.

Но эти лжецы упускают из виду один простой факт. Компания «Майкрософт» была основана двумя детьми, которых выгнали из колледжа, потому что у них была идея и мечта. Гейтс и Пол Аллен построили ее на новаторстве, привлекая таких людей, как Ричард Броуди и тысячи других светлых голов.

И не государственное регулирование сможет в конце концов помешать «Майкрософту». Вполне возможно, уже сегодня где-то в комнате студенческого общежития за столом с пустыми коробками от пиццы сидят такие же умные ребята, которые создадут новое поколение програмного обеспечения, перед которым Word, Excel, Explorer или даже сама Windows будут безнадежно устаревшими.

И поведет их к этому жажда американской мечты, которую олицетворяют Гейтс, Аллен и тысячи других миллионеров, которых создала «Майкрософт».

Однако даже журналы о компьютерном бизнесе и торговле медленно программируют вас, заставляя верить в то, что «Майкрософт» — это плохо, а Гейтс — враг номер один. Вот почему надо быть очень прозорливым.

Внимательно отнеситесь к тому, что вы читаете или слышите. Подумайте, почему толпа мыслит так, а не иначе. И мыслите по-другому!

Как-то я дружил с одной колумбийской девчонкой по имени Аура Алисия. И вот валялись мы както вместе на диване, и она попросила дать ей ее кошелек. Я достал. Она вынула что-то оттуда, и я положил кошелек рядом с собой на пол.

— Нет, нет! — воскликнула она.

— Что такое? — переспросил я, рывком подняв кошелек снова.

— Пол — не место для кошелька, — сказала она.

— А, прости, — сказал я, положив его обратно на стул.

Примерно через тридцать секунд я разразился смехом. Аура поинтересовалась: что тут смешного? И чем больше она спрашивала, тем сильнее я смеялся. Наконец я смог достаточно сосредоточиться для ответа.

Я объяснил, что «пол — не место для кошелька», были не ее слова. Возникало ощущение, что за нее говорила ее бабушка. (Нам тогда обоим было по 28 лет.) Мне же стало любопытно, почему это пол — не место? А стул — место?

Подумав пару секунд, она сама засмеялась. Она не знала почему так сказала. Просто внезапно вспомнила, как сама, еще будучи маленькой девочкой, положила кошелек матери на пол, за что получила предупреждение. Это было записано на ее подсознание и вышло на поверхность через 20 лет.

Мы начинаем учиться с двух лет, но большинство никогда не задается вопросом: чему нас учат. А благополучные люди размышляют. Поступая так, они приобретают новые знания и свежий взгляд на вещи, который недоступен другим.

Еще совершенно недавно никто и не мечтал о сотовых телефонах. Когда Маркони предсказал появление радио, люди подумали, что он псих. А Эдисон? Все прекрасно понимали, что светящайся шарик — это безумие.

Правда «все» часто ошибаются.

Я убежден, что наивысшие достижения в спорте, бизнесе и в жизни — происходят не столько благодаря умениям, тренировкам и возможностям, сколько благодаря установке сознания. Что часто требует от вас мышления, противоположного мышлению толпы. И ВСЕГДА — подвергать сомнению ваши убеждения. Во всем.

Знаете ли вы, что если аквариумную рыбку отпустить в озеро, то она продолжит плавать кругами? Почему? Потому что у нее развилось убеждение, что заплыв чуть дальше, можно расквасить нос. Она делала так всегда. По-другому «невозможно».

Вам кажется, что без высшего образования нет успеха, что для того, чтобы делать деньги, нужны деньги, что вести собственное дело в своем маленьком/большом городе непросто, что добиться успеха людям в вашей стране сложнее.

Вы обнаружите, что эти заблуждения вам не подходят, и решите заменить их на более полезные.

Например: Билл Гейтс и Пол Аллен разбогатели без высшего образования, значит, я тоже могу.

Чтобы делать деньги, нужна только идея.

Людям в моем городе/городке уже удавалось стать богатыми, значит, я тоже могу.

Большинство представителей моей страны успешны, никто мне не мешает кроме меня самого.

Постоянно сомневаясь, так ли вы живете, вы остановите свой переход к ментальности жертвы, развитие страха, сомнения в собственных силах и нищету. Вы признаете, что эгоизм — это добродетель, а не зло, как считает толпа. И поймете, что не пристало правительству играть в Робин Гуда, от этого всем только хуже. Что, кстати, решает и беспокоящий вас вопрос.

А как быть с теми, кто менее удачлив? Просто забыть о них? Выживает сильнейший?

Нет. Нужно относиться к ним с любовью, поддерживать их и сострадать. Но делать это по собственной воле, а не под дулом пистолета, направленного на нас правительством.

Пункт номер один в моих расходах за каждый год — это благотворительность. И так будет все время. Я вношу деньги в фонд сбежавших из дому детей, фонд помощи детям с неизлечимыми болезнями, в организации по защите животных, помогаю церкви, фонду защиты прав человека, искусству, массе других фондов и организаций. И знаете что?

Я могу так делать, потому что успешен. Когда я был на мели, я никому не помогал. Мне нравится поддерживать эти фонды, и я делаю это из эгоистических побуждений. Мне нравится отдавать, это приносит мне радость.

Звучит смешно, но это правда. Хочешь помогать другим, что-то изменить и оставить после себя какое-нибудь наследство? Начни с эгоизма! А теперь, в следующей главе, мы взглянем на работу причинно-следственной связи.

Глава пятая

Цель, которая управляет вашей жизнью

— Вот чем ты отличаешься, — заметил как-то за ужином доктор Питер Пирсон (Питер один из моих близких соратников), — так это тем, что тебе действительно наплевать, что думают о тебе другие.

— Ага, — ответил я.

— Нет, я имею в виду действительно наплевать! — воскликнул он.

Пойман на месте преступления. Правда, если бы я сказал, что так было всегда — это было бы ложью. На самом деле даже наоборот.

В какой-то момент вам нужно просто позволить всему идти своим чередом. Продвигаться дальше по жизни. Вам нужно избавиться от ментальности жертвы и пройти это, именно здесь лежат настоящие прорывы по жизни.

Если вы обладаете достаточной самооценкой, то вам действительно все равно, что думают о вас другие. Их проблемы, а не ваши. Это очень важный момент, без него вы не сможете принять свое процветание.

Итак, мы затронули здесь две проблемы, обе вытекающие из одного источника.

Первая: проблема уверенности в себе, вторая: отличный от других образ мыслей. Отличный от мышления толпы.

В предыдущей главе мы рассмотрели возможность этого мышления в применении для достижения успеха. Теперь давайте остановимся на том, как это нужно в себе развивать.

Начало заложено в фундаменте абсолютных ценностей. Самое важное в жизни направляет ваши каждодневные действия. Они напрямую вытекают из цели вашего бытия. И это дает вам понять, почему все-таки многие люди проходят по жизни больными, бедными и глупыми.

Однако я говорю это не потому, что хочу показаться надменным или недоброжелательным, просто это правда. Дело в том, что большинство влачит свое существование просто реагируя на события вокруг, забывая порой о том, что эти события создаются ими же. Людям кажется, что они барахтаются во внешних обстоятельствах, как корабль в море во время шторма, как крошечная песчинка — игрушка в руках разгневанной стихии.

Почти нигде нет полностью здоровых людей. На деле, по самым скромным подсчетам 80% страдают ожирением, низкой активностью, болезнями сердечно-сосудистой системы, другими заболеваниями или всем этим вместе.

Почти нигде нет абсолютно богатых. Хоть и звучит это грубо в свете возникающего процветания в таких развитых странах как США, в странах Европы и Азии и др. Без сомнения прогресс налицо.

Даже большинство из тех, кто для уровня таких стран кажется бедным, имеет крышу над головой, электричество, телефон, систему центрального отопления или кондиционер, ну и конечно же телевизор. По меркам стран третьего мира эти люди еще довольно богаты.

Но вот незадача...

Большинство этих людей обладает многими «вещами», но либо сами иногда находятся в нескольких днях от полного банкротства, либо их больничная карточка напоминает медицинскую энциклопедию. Никогда еще личные долги не были так высоки, а личные сбережения почти на исходе. Это лишь видимость процветания, на самом деле — такие люди бедны.

Что ведет нас к третьей причине: глупости. Просто тот факт, что большинство влачит свое жалкое существование без денег и постоянно болея, показывает нам, что эти люди точно не мозговитые ученые. И подождите обвинять меня в бесчувственности и высокомерии. Мне самому это не слишком нравится, никакого удовольствия. Вот почему я сейчас пишу это и делаю эту самую работу. Книга пишется для того, чтобы помочь изменить такой порядок.

Хотя я и согласен с тем, что многие родились жертвами обстоятельств, это еще совсем не значит, что так и нужно жить...

Лично я сам был рожден больным, бедным и глупым и провел в таком состоянии тридцать лет своей жизни. Но полностью одержал победу, поднялся над собой и верю, что и другие на это способны. Я хочу, чтобы вы и миллионы таких же как вы почувствовали вкус здоровой жизни, процветания и умственного превосходства. Ждали каждого нового дня с радостным предвкушением, страстью и восторгом.

Но чтобы это получилось, нужно, однако, серьезно изменить собственную установку разума, отбросить заблуждения и поменять взгляд на жизнь...

Что может значить — создание цели жизни на первое время, или если у вас уже есть одна — поменять ее. А также придется полностью изменить представление о самом себе и вашей роли в мире. Если вы похожи на больное, глупое и бедное большинство, то вы определяете себя с позиций собственной роли (муж, инженер, председатель совета симфонического оркестра и т. д.) и видите цель и смысл жизни как службу другим, способствующую высшему благу, либо помощи окружающим.

В таком случае — вы псих. И точно больны, глупы и бедны.

А если вы не отшвырнули эту книгу после последнего утверждения, то давайте я объясню. Определяя себя через роли (жена Рея, муж Бекки), вы отрицаете собственную индивидуальность. У вас низкая самооценка и мнение о себе.

А если целью вашей жизни является служение другим, то вам прямая дорога в «шестерки».

Хочу продолжить и сказать, что если главная ваша цель — «служить другим», то у вас очень низкое мнение о себе, вы не верите, что чего-то достойны, и в течение всей жизни будете сталкиваться с несчастьями и проблемами.

Хотя вы можете ответить и так: «На самом деле мне не нужно ничего этого внешнего для счастья. Меня не волнуют деньги и материальные вещи. Машина нужна для того, чтобы от точки А доехать до точки Б. Мне нравится жить в хижине в тропическом лесу и учить аборигенов Законам Божьим. Я счастлив, если мне хватает денег на еду и когда у меня есть соломенная крыша над головой. Я служу другим, и это благородно. Я выполняю Божеский долг, и после жизни меня за это наградят».

Так... Если это про вас, то закройте и отложите книгу. Немедленно продайте все свое имущество и идите в проповедники.

Благоприятный для этого случай. Тяжелый медицинский случай, называемый шизофренией или просто безумием.

Зачем я это говорю? Ну давайте для начала дадим точное определение слову «безумие». Я бы сказал, что это «Дефект сознания, не позволяющий субъекту поддерживать какие-либо отношения или отслеживать и удовлетворять собственные потребности эмоциональнонасыщенной жизни, являющиеся необходимым условием для выживания».

Люди, которые тратят свое существование не на собственные нужды, а на удовлетворение потребностей других, не являются ни благородными, ни великодушными, ни нравственными. Они психи.

Не следя за своими потребностями, они не могут правильно помочь другим. Успокаивая, разделяя их горе, заставляя плакаться в жилетку, они не способны предложить действительно настоящую, ценную помощь. Как сказал один часто цитируемый персонаж из книги Эйн Рэнд: «Чтобы сказать "Я люблю тебя" нужно сначала понять, как произносится слово "Я"».

Вы знаете, что для того чтобы полюбить другого, нужно сначала полюбить себя. Но осознаете ли вы, что это значит на уровне практического применения? Рэнд учила, и я считаю, она права, что вы должны жить тремя основными ценностями:

- **Цель**
- **Здравый смысл**
- **Самолюбие**

Мы уже обсудили благодетель эгоизма. А теперь вам точно крышу снесет. Что вы думаете о том, что...

Вашей высшей моральной целью должно быть собственное счастье.

Это пугает вас? Обижает? Злит? Если да, то посмотрите еще раз хорошенько. Потому что это единственный здоровый и нормальный способ жить. То, что обеспечивает выживание всех животных видов и процветание большинства людей. На самом деле единственный хороший способ вести любые отношения!

Нельзя жертвовать себя другим, это извращение. Моральное разложение и унижение. Это симптом психического заболевания.

Теперь понятно?

То же верно и в другую сторону. **Нельзя просить других жертвовать для вас, это также пошло и ненормально.** Подрывать нравственность других — это то же зло, как и подрывать собственную.

Цель...

Никому нет пользы от того, что вы унижаетесь сами или унижаете других. А так вы поступаете, жертвуя собой?

В одной из книг Эйн Рэнд главного персонажа спрашивают: «Какой тип людей самый развращенный?». Его ответ наверняка удивит многих, так как он ничего не говорил ни про убийцу или насильника, ни про еще какого-нибудь маньяка. Ответ был «человек без цели».

Когда Рэнд спросили, почему она отвечает именно так, она ответила: «Потому что такая черта лежит в основании человеческой натуры и может спровоцировать все то зло, упомянутое вами в вопросе. Садизм, диктаторство или другая любая форма зла являются следствием отхода человека от реальности. Следствием его невозможности думать. Человек без цели отдан на волю беспорядочных чувств, непонятных побуждений, поэтому способен на любое зло, он не властен над собственным течением жизни. Чтобы сдерживать поток, нужно иметь цель, продуктивную, полезную цель».

Когда вашей высшей моральной целью станет собственное счастье, тогда появится продуктивная и благородная причина существования. Но не просто существования, а существования, наполненного настоящим процветанием.

И вот что важно...

Поступай так каждый, на земле стало бы гораздо лучше жить! Вместо порочных, угнетающих, болезненных мы бы имели здоровые, функциональные отношения с другими, основанные на принципе «ты мне — я тебе». Никто бы не требовал жертвовать собой ради него или нее. И вы бы поступали так же. Так поддерживаются нормальные отношения.

Здравый смысл...

Следующая основная ценность жизни — это здравый смысл. Это означает, что вы производите отбор, исходя из критерия: служит ли то, что вы отбираете, вашей высшей нравственной цели или нет. Таким образом вы сохраняете свое счастье.

Самый часто задаваемый вопрос: «Как понять, вредно ли это убеждение?». На самом деле довольно просто. Не надо все усложнять. Нужно лишь задаться вопросом: «Полезно ли мне это убеждение?».

Понять это можно только через рациональное мышление. Эмоции — это хорошо. Они являются жизнено важным фактором насыщенного и богатого существования. Но по-настоящему нормальный и эмоционально спокойный человек знает или попробует разобраться в том, что такие эмоции порождают. Ваши эмоции и жизненные цели не должны сталкиваться. Ни в коем случае.

В моей интернет-программе «Breakthrough U» я спрашивал: «Когда я подвергаю сомнению ваше главное убеждение, вы злитесь на меня потому что я неправ или потому что боитесь просто задать вопрос?», «Когда кто-то говорит, что любит вас, а вы боитесь, это потому, что вы не любите его или боитесь его потерять?», «Страх ли провала сдерживает вас? Или страх успеха?».

Конечно, вы нормально чувствующий человек. Но не стоит, принимая жизненно важные решения, полагаться только на чувства. Проверьте свои чувства и поймите что их вызвало. Затем используйте свой рациональный ум для выбора в пользу наилучшего.

То есть доведите ситуацию до ее логического завершения и пронаблюдайте: выдерживает ли логика. Это значит: убедитесь, что, следуя определенному образу действий до конца, вы достигнете счастья. Если же нет, это может серьезно повредить вашему существованию.

Что, конечно же, ведет нас к третьей основной ценности.

Самолюбие...

Здоровый человек принимает себя, ему комфортно в собственной шкуре. **А так же ему приятно быть эгоистичным и следить, чтобы все его нужды были исполнены.** Такой человек понимает, что жертвенность испортит и унизит его, что никому не принесет пользы.

Так мы приходим к следующему вопросу, который интересует многих. А в частности, что же насчет любви и дружбы?

Любовь — это выражение вашего самолюбия. И глубинных ценностей. Вы влюбляетесь в того, кто разделяет эти ценности. И если вы кого-то действительно любите, это значит, что он приносит счастье в вашу жизнь. Другими словами, *вы любите чисто по личным эгоистичным причинам!*

Так как если и нет, то не было бы никакого смысла. Бескорыстная любовь не даст вам радости или удовольствия, к такому человеку вы из чувства самопожертвования будете испытывать лишь жалость. Это не любовь. Это непродуктивное сумасшествие.

Что совсем не значит, что никто в мире не принимает такого рода нездоровую, искусственную любовь. Миллионы людей примут. Но только те, кому нравится оставаться больными, бедными и глупыми. Им просто надо высасывать из вас радость, жизнь и энергию. А когда вы станете таким же безжизненным, они будут рады тому, что вы разделяете их ничтожество.

В настоящем процветании вы выбираете любимого человека, потому что он приносит счастье в вашу жизнь. Проявление высшего восхищения и уважения, которое можно оказать кому-нибудь, — это любить его по эгоистической причине, из-за того что он дарит вам счастье и радость. Кстати, не путайте с гедонизмом[2] ... В философии гедонизма только то, что приятно или имеет приятные последствия, по сути своей хорошо. В психологии гедонизма само поведение мотивируется желанием удовольствия и нежеланием боли. Что предполагает, что удовольствие — это нравственная норма. Одназначно не тот случай...

Это значит: неважно какими ценностями вы обладаете — все будет в рамках нравственности. Не важно выбрали ли вы их сознательно или нет, обосновано или исходя из эмоций. Ваша мораль будет основана на капризах, внезапных побуждениях или страстей, которые властвуют над вами в данный момент. Что определенно неэтично. То, что хорошо должно определяться ценностной рациональной нормой. Удовольствие — это не «первичная причина», а скорее, следствие. Следствие ваших действий, исходя из рационального ценностного суждения.

Продолжим наши логические изыски по вопросу о том, какой философии необходимо придерживаться в жизни. На данном этапе многие будут спрашивать о служении другим и о благотворительности. Они интересуются, имею ли я в виду, что помогать другим или поддерживать благотворительность не следует. Хороший вопрос.

Существует мнение, что это прямая нравственная обязанность: помогать тем, кто менее удачлив чем вы. Нет ничего более далекого от правды. Такое мнение и оставляет людей больными, бедными и глупыми.

Если вы живете теми принципами, которые здесь обсуждаются, то вы вполне можете помогать другим и тратиться на благотворительность. Я уже говорил, что первой строчкой в моих расходах за последние пять лет стоит благотворительность. Кроме того, я часто оказывал поддержку, о которой кроме меня никто не знает.

Я исхожу из трех критериев:

1. Человек или организация достойны поддержки.
2. Я могу себе это позволить.
3. Мне это доставляет удовольствие.

Вот что определяет, куда и на кого я трачу свои деньги, выделенные на благотворительность. И это совершенно не зависит от того, что кому-то «нужнее», или что так поступать будет более политически обоснованно.

Я поддерживаю много всяческих организаций. Оперу, симфонию, свою церковь, фонды дикой природы, отдаю деньги на лечение и предупреждение болезней, на ночлежки, на дома для беспризорников, а также на гранты. Я приобрел офисные принадлежности и компьютеры для начинающих политиков, сценические костюмы для восходящих певцов, я спонсировал курсы восточных единоборств для детишек, учебные гранты и столько любительских спортивных команд, что и по пальцам не пересчитать. А так же купил праздничные подарки детям, которые иначе вряд ли их получили бы.

Но делал я все это чисто из эгоистических побуждений! Нравится мне так поступать. Давайте заглянем еще глубже...

Вы могли бы даже закрыть свою возлюбленную или супругу от предназначавшейся ей пули. Если этот человек вам настолько ценен, что и жить без него вы не смогли бы, это не будет самопожертвованием. Просто защита того, что вы цените.

Вот к чему все ведет. Вы хорошо знаете, что для вас ценно и что приведет к цели, к счастливой жизни. Это значит — принять то, что вы должны быть счастливым и работать в этом направлении, не чувствуя за собой вины. Это значит — отрицать мышление толпы и не поддаваться на сыплющиеся отовсюду обвинения окружающих.

В нашем мире сегодня легко представить человека как беспомощного робота-раба. Большинство всего лишь винтики в коллективе, они идут по жизни больными, бедными и глупыми. Нас окружают заурядность, пошлость и страх. Но заглянув чуть глубже, вы увидите еще кое-что...

Вы увидите парящий «Конкорд», исследовательские экспедиции на Марс и величественный мост Голден Гейт в Сан-Франциско. Вы побываете на опере Пуччини, прочтете книгу Хемингуэя или будете следить как Майкл Джордан манкирует законами гравитации. Вас восхитят великие пирамиды, упорство Лэнса Армстронга, великого велосипедиста, или мужество матери-одиночки, сражающейся с раковой болезнью.

Вы сможете узреть широту человеческого духа и то величие, на которое мы способны. Вы поймете, что человек в действительности не слабый и беззащитный, просто он попадает на этот путь, когда отказывается использовать свой рациональный ум.

Вы обнаружите, что сами способны на великое и совершаете это, исходя из верных причин. Вы можете быть дерзким, смелым и изобретательным и сделаете этот мир лучше просто потому, что вы оставили на нем свои следы. Надо лишь жить основными ценностями: цели, здравого смысла и самолюбия...

Глава шестая

Успешные люди в вашей жизни

Итак, мы говорили о влиянии, которое оказывают на вас вредные люди. А как же положительные? И вообще, какого типа люди вам нужны, чтобы воистину принять собственное процветание во всех сферах вашей жизни.

Я до сих пор помню картинку, которая повторялась снова и снова, когда я проходил сеансы групповой терапии. Скажем, доставал меня кто-нибудь в моей группе, тогда я заявлял: «Ты знаешь в чем твоя проблема? Ты всегда (вставить нужное)». Он конечно же это отрицал.

Вся группа сразу же концентрировалась на этом человеке и давала ему понять, что я прав, а он нет. После достаточного влияния достаточного количества людей человек наконец сдавался и признавал, что над этой проблемой стоит поработать. Но всегда случалось так, что кто-нибудь поворачивался ко мне и говорил...

«Удивительно, Рэнди, что ты заметил это в Брайане, так как у тебя точно такая же проблема...» Конечно, я относился к этому скептически и сразу отвечал, что это необоснованно. Приходилось поворачиваться к группе за поддержкой. Но одного взгляда на их лица было достаточно,чтобы понять, что не все так просто...

Они глазели на меня, как священник на жертвенное животное. Им представлялся шанс поставить меня на место, и они им пользовались.
Они начинали осуждать мое поведение по очереди один за другим. По двум причинам.

Первая: они ненавидели меня. Я был высокомерным, упрямым и любящим поспорить. Мне не нравилась группа, я терпеть не мог, когда меня обсуждали, и я глубоко отрицал свои эмоциональные проблемы. Так вот, вторая причина, почему группа часто на меня ополчалась: они были правы.

И так спор длился в течение двух или трех занятий на неделе. Группа осуждала меня, а я отрицал это осуждение.

Я покидал занятия злой из-за несправедливости. Обычно, после того как я часами обдумывал проблему, я приходил к пониманию того, что группа была права. Затем мне приходилось возращаться и признавать свою неправоту на следующем занятии, что бесило меня еще больше!

Так, раз за разом **проблема возникала по причине того, что я замечал и раздражался из-за чьего-либо поведения.** Что служило мне зеркалом, которое было мне необходимо, чтобы начать весь процесс.

Схема выглядела так:

1. Я замечал проблему в ком-то →
2. Осуждал его →

3. За что осуждали меня→
4. Я спорил и все отрицал→
5. Затем проводил самоанализ и размышлял об этой проблеме →
6. Признавал это и получал возможность продвигаться дальше.

Такой глупый и нефункциональный способ учиться был единственно возможным для меня, для моего состояния сознания в то время. Я думаю, что эта схема одинакова для людей, кто только начинает процесс саморазвития. Не смешно, но действует.

А у вас как?

Какой процесс используете вы, чтобы учиться, осуждать и менять собственное нефункциональное поведение? Как вы замечаете и исправляете проблемы, мешающие вам достичь счастья и процветания?
В моем случае я научился упрощать этот процесс. Есть два пути, по которым я могу меняться.

Первый способ. Теперь я записываю, если что-то достает меня в других. Я понял, что если что-то меня беспокоит у другого человека, скорее всего над этой проблемой мне стоит поразмыслить самому. Такова схема:

1. Я замечаю проблему в ком-то другом →
2. Провожу самоанализ и размышляю об этой проблеме→

3. Признаю ошибки и получаю возможность двигаться дальше.

Другой способ, когда меня осуждает кто-то, кому я доверяю. Таких людей в моей жизни всего лишь несколько. Но доверяю я им полностью. Они доказали мне, что знают как быть «объективными», они хорошо устроились в жизни, у них все складывается. Но говорить то, что я хочу услышать, они не будут, они не стесняются «указывать мне на промахи». Вот схема:

1. Кто-то, кому я доверяю, «указывает мне на промахи» ⟶
2. Я провожу самоанализ и размышляю об этой проблеме ⟶
3. Признаю ошибки и получаю возможность двигаться дальше.

Кстати, это совсем не значит, что каждый раз, когда я реагирую на чье-либо поведение или кто-то обращает мое внимание на мое собственное, что я автоматически признаю необходимость перемены. Иногда я реагирую по-старому. А иногда тот, кто обращает мое внимание на какие-либо проблемы, всего лишь проецирует собственную ненадежность. Но когда что-то, в чем я сам не уверен, попадает под мое внимание — я обязательно поделюсь с тем, кому я доверяю.

Так куда ведет нас такая проблема?

К поиску достаточного количества людей, находящихся в таком же состоянии сознания, как и я. Что верно и для вас тоже. Искать таких людей может быть немного опасно. И слегка пугающе будет оторваться от остальных.

Но как только вы встанете на путь собственного развития, то начнете оставлять попутчиков довольно быстро. И не о них вам нужно беспокоиться, а **о себе.**

Бывает так, что ради улаживания собственной жизни вы начинаете разрушать себя...

Большинство участников моей тренировочной программы начинают осознавать, что сталкиваются с ограниченным и негативным мышлением. Их окружают вредные люди. Они могут быть даже женаты на одном из их представителей.

Они понимают, что продвижение к успеху означает некоторые перемены, срывы и неудобство. Что провоцирует беспокойство, медленно просачивающееся в подкорку.

Это может заставить вас не предпринимать никаких действий для собственного продвижения...

Может случиться так, что вы попадете в аварию и пропустите слушанье дела об опекунстве. Или что вы проспите и решите не посещать какое-либо занятие. Или у вас кончится бензин, и вы не успеете на собеседование, чтобы получить лучшую работу. Либо, опаздывая на встречу, решите срезать путь по подворотням, в результате чего окажетесь под прицелом пистолета. Или по вашей вине случится какое-нибудь несчастье, и из-за такого состояния хаоса вы не встретите никогда идеальную пару.

Конечно вы вряд ли захотите, чтобы вас ограбили или произошла автомобильная авария, или вы пропустили собеседование на хорошую работу. **Но подсознательно люди реализуют все эти события каждый день.**

Как нам тогда избавиться от несчастий? И вырваться из вечного проклятого круга неудач, случающихся в жизни?

Дело в том, что когда вы находитесь в состоянии жертвы, как и я раньше, вы, вероятнее всего, делаете большие вклады, чтобы оставаться в нем. Возможно, вы совершаете тысячу маленьких вещей, которые поддерживают такой статус.

Для примера возьмем болезни. Как вы знаете, для меня это было большой проблемой. В моем случае болезнь означала получение внимания, привязанности и, как мне казалось тогда, любви. Так как день ото дня изжить это из себя?

Скажем, вы знаете четырех-пятерых человек, которые, встречая вас, выглядят заинтересованными и спрашивают о вашем состоянии. Благодаря этому у вас есть прекрасный шанс почувствовать себя жертвой.

Или вам приходится пить лекарства, поэтому вы вспоминаете о своем состоянии каждый день на три раза чаще. Такие маленькие рутинные вещи, специально для больных.

Уж я не говорю о таких вещах, как парковки для инвалидов, ходунки, каталки и все в том же духе!

«Подождите, подождите, — скажете вы. — Вы ведь не к тому ведете, что я могу запросто отбросить свою каталку, шины, таблетки и вообще все лечение?»

Ну... вы неправильно меня поняли. Я не хочу чтобы на меня подали в суд из-за того, что кто-то перестал употреблять свои лекарства или попытался пойти без своих ходунков. Однако...

Я точно знаю, что именно из-за всего этого вы остаетесь больным и следовательно жертвой. И я знаю, что иногда они нам нужны. Вопрос состоит в том, когда они нам действительно необходимы, а когда мы чувствуем себя больными из-за них? Подумайте об этом.

Понятно, что у всех этих вещей есть свое применение и иногда мы в них нуждаемся. Но бывают моменты, когда их использование делает нас зависимыми и погружает в состояние жертвы.

Предположите, что, как и я, вы цепляетесь за болезнь только потому, что она притягивала к вам внимание и заботу. Поняв это, вы клянетесь, что с завтрашнего дня начинаете новую, здоровую жизнь. Но вот едете вы в Пассаж... А там свободная парковка для инвалидов, так близко к магазину, да и вообще... Поэтому вы, ссылаясь на собственные болячки, можете там припарковаться...

А что потом?

У вас дома шкафы ломятся от обезболивающих средств, больничных принадлежностей, книг и статей о вашей болезни. Если то, о чем вы постоянно думаете, случится, тогда зачем все это?

Если у вас толпа друзей, которые постоянно интересуются как вы и спрашивают о здоровье, как это повлияет на ваше сознание?

Подумайте обо всем хорошенько. И об этом тоже...

Болезни мы привели в качестве примера. Подумайте о чем-нибудь похожем, из-за чего вы могли бы остаться бедным, упустить продвижение по службе или поссориться с любимым.

Если вы сейчас бедны, а по моему определению беден каждый, у кого нет как минимум 10 миллионов долларов, то сколько времени вы это признаете? Повторяете ли глупые клише о том, что богатые богатеют, что чтобы делать деньги, нужны деньги, и т.д.? Ворчите ли на то, что ваш босс или компания — скупердяи?

Может, вы окружили себя людьми, для которых бедность — это как знамя почета? Сколько ваших друзей зарабатывает гораздо больше чем вы? Да и самое главное...

Думаете ли вы почти все время о деньгах (как платить по счетам, где достать денег... и т. д.) или вы ищете пути сохранения и увеличения вашего настоящего богатства?

Так мы просмотрели невольные способы остаться больными и бедными. Вы, думаете, сможете сделать то же самое, чтобы разорвать хорошие отношения? Или даже отбросить саму попытку найти таковые?

Позвольте я спрошу...

Если вы холосты, у вас есть список качеств, которым должен соответствовать предполагаемый кандидат? Сделали ли вы почти невозможной для человека способность соответствовать им?

А если вы состоите в браке, но несчастья преследуют вас, вина ли это вашей половины, как вы утверждаете? Сколько проблем в ваших отношениях являются прямой копией таких же ссор, которые вы наблюдали между вашими родителями?

Жизнь с «холодной фригидной женой», «потаскухой бывшей» или ревнивой, следящей за вами девушкой, вписывается в вашу ментальность мученика? Дамы, геи и нечто среднее — вам тот же вопрос, только с соответствующими полами.

У вас есть одинокие друзья, которые ревнуют, когда вы с радостью смотрите на кого-нибудь другого? Как может это повлиять на ваши планы длительных и счастливых отношений?

Вы потчуете своих друзей историями о прошлых обидах из предыдущих неудачных отношений? У вас есть «группа поддержки», состоящая из друзей, которые успокаивают вас каждый раз, когда с вами плохо обращаются, бросают или подводят? Если да, то как с этим связана ваша ментальность?

Другими словами, наличие несчастных и нездоровых отношений совпадает с вашим видением себя в качестве благородной жертвы? Причем касательно не только вашей супруги/супруга, но и отсутствия таковой/такового. А как же отношения с семьей и близкими друзьями?

Потратьте немного времени на раздумья по этому поводу. Возможно, ваши отношения вполне нормальные, но не благополучные. Возможно, у вас много денег, но плохое здоровье. Просканируйте все сферы вашей жизни и посмотрите, не цепляетесь ли вы где-нибудь подсознательно за ментальность жертвы. Вот первый шаг к безграничному процветанию!

Я разговаривал тут на днях со своим доктором, который делает мне иглоукалывание. Назовем его Стивом. Он великолепный врач. Учился в Китае и прекрасно знает свое дело. Однако я вижу, что у него проблемы в бизнесе. И даже знаю почему...

За те прошедшие три года, что я его знаю, я часто слышал, как он накликает неудачи. А по другим его утверждениям я могу сказать, почему он так делает. Все исходит из его глубинных заблуждений. Мы оба посещаем одну церковь. Когда я его спрашиваю, много ли у него клиентов из этой церкви, он отвечает: «Там только бедные. Зачем им тратить деньги на такую вещь, как иглоукалывание?».

Я возразил, что не думаю, что такое убеждение ему полезно. Он добавил: «Это не убеждение, это факт. Люди, которые ходят в церковь, небогаты».

«Это не факт, — настаивал я. — Многие из них покупают мои кассеты, посещают занятия, участвуют в моей интернет-программе и радостно, с благодарностью и любовью отдают деньги. В этой церкви много благополучных людей».

«Ну хорошо, они тратятся только на то, что предлагаешь им ты. Но не я. Просто факт».

Он убежден, что люди не будут тратить деньги на иглоукалывание. Опираясь на этот «факт», он сваливает на него упадок в делах за последние несколько лет. Еще он знаком с другими врачами, чье состояние дел также неблестяще.

Вот что называется «подтверждение предубеждения». Когда замечаешь только то, что поддерживает ваше предвзятое отношение к предмету. На самом деле, естественно, иглоукалывание, иридология, массаж, гомеопатия и фактически все виды природной и альтернативной медицины процветают в Соединенных Штатах и по всему миру.

Он жаловался мне: «Несколько лет назад у меня все было здорово. Я практиковал в Нью-Йорке и зарабатывал 120 тысяч в год, затем дела пошли на убыль...».

«Стой, — перебил я. — Вот первая проблема. Для начала, 120 тысяч — это УЖАСНО! Это же крохи для человека твоего образования и умений. Надо менять это убеждения сейчас же».

«Но ты не понимаешь, — оправдывался он, — в такого рода работе...»

Затем он приводил все доводы за такие негативные заблуждения.

Я понял: он был убежден в том, что доктора, занимающиеся иглоукалыванием, будут кое-как сводить концы с концами и пытаться хоть как-то заставить людей пользоваться их услугами. Ему кажется, что такая профессия — это прекрасный шанс послужить человечеству, но никак не средство хорошего заработка. Конечно, я указал ему, что такое заблуждение ему бесполезно. И он, конечно, в свою очередь, показал мне, что это не заблуждение, а «факт», основанный на его профессиональном опыте и на общении со знакомыми людьми.

Такое заблуждение часто встречается у тех, кто связан с медициной. Кстати, довольно глупое заблуждение. Любая профессия, которая дарит людям такого рода ценности, должна сделать вас богатым. Таким образом работает процветание.

«Как ты думаешь, сколько я заработаю в год, если займусь иглоукалыванием? — спросил я Стива.

«Где?», — поинтересовался он, — «В Нью-Йорке?»

«Нет, не в Нью-Йорке, здесь. Не важно где», — ответил я.

Он что-то промямлил. Было ясно, что ему не хочется меня обижать, но он думал, что если я займусь иглоукалыванием, то и у меня ничего не выйдет. Я уверил его, что буду получать как минимум от 350 до 500 тысяч в год от пациентов и еще по крайней мере миллиона два от других докторов, кто захочет начать делать то же самое.

Стив мне просто не поверил. Самый удачливый иглотерапевт, про которого он когда-либо слышал, зарабатывал 250 тысяч, и то не очень честным способом, сообщил он мне.

«Он что, мошенник?», — поинтересовался я.

«Скажем так, он был не очень этичен», — ответил Стив.

Итак ситуация потихоньку начинала проясняться: «Значит ты говоришь, что иглотерапевты не могут нормально зарабатывать, если только они не продали свои души?».

Сначала он все отрицал, но затем потихоньку пришел к пониманию того, что, по его глубокому убеждению, единственным способом разбогатеть для иглотерапевта оставалась неэтичная практика. И то, что он считал успехом, я считал бы самым жалким существованием.

Я уходил глубже. Выяснилось, что воспитывался он у довольно бедных бабушки с дедушкой. Он рассказывал, что до сих пор слышит голос деда, который заявлял (готовы?): «Пусть мы бедны, зато честны!». Такая у них была домашняя молитва. Вы представляете, какой эффект могло оказать на жизнь человека такое негативное программирование? Когда ребенка учат таким вещам в самом восприимчивом возрасте люди, которым он доверял и которые были ему вместо родителей, то эффект оказывается самым серьезным.

Такой постулат просачивается в подсознание, формирует убеждения, предрассудки и отношения, которые затем выстраивают всю вашу жизнь. Он также создает ваше исходное предубеждение, поэтому мир, рассматриваемый вами с этой точки, похож на изображение через дымчатое стекло.

Не прошло и двух дней после моей встречи со Стивом, как я разговорился с другим удивительным природным целителем, на этот раз с хиропрактиком, который также учил новой уникальной методике йоги. Он живет своей работой и пациентами, всегда разучивая с ними новые техники и стараясь преподать им это наиболее целостно и действенно. Он проводит занятия на берегу, когда садится солнце и шумят волны, поэтому кроме реальной пользы от занятий его ученики получают огромное эстетическое наслаждение этим шикарным зрелищем.

И сколько он берет за такое фантастическое лечение? 7 долларов. А раньше было и 4, и 5, пока я его в прошлом году не обработал как следует.

Этим вечером он пригласил меня на свое занятие и сказал шутя: «Занятие стоит 7 долларов, но если ты считаешь, что оно стоит дороже, то можешь заплатить и 30».

Конечно, я начал бранить его за такие расценки, присущие только сознанию бедности. Ну и он ответил: «Эй, да ты знаешь, сколько учителей йоги счастливы, зарабатывая всего долларов 45 за занятие?».

Прямо как обвиняемый, который заявляет: «Да я убил только трех. Чарльз Мэнсон расправился с двадцатью!».

Очень глупо измерять собственное достоинство, исходя из стандартов глупой толпы. Поэтому я ответил нашему просвещенному другу: «Но ведь тебя не устраивает сумма меньше 65 долларов за занятие?».

«Нет, нет, — воскликнул он. — Вчера вечером я получил 120».

Знаете что? Если ему достаточно 120 долларов за несколько часов работы, тогда это его дело. Но я думаю, что он способен на большее. Так же, как и мой знакомый иглотерапевт.

Уверен, оба они зададут такой вопрос: «Действительно, Рэнди, почему бы тебе не заплатить 150 долларов за один сеанс иглукалывания вместо 60 и 30 за занятие йогой вместо 7?».

Потому что это будет не просто глупо, но еще и вопреки законам благополучия. Я наказал бы сам себя, наградив при этом лентяев. И я надеюсь платить ту же стоимость, что и другие. Я считаю, что плачу столько, сколько было установлено для самого себя человеком, предоставляющим данную услугу.

В обоих случаях ребята были моими друзьями. Поэтому и поступаю так, как должны поступать друзья. Я проверяю их сознание процветания и напоминаю об их внутреннем величии. Причем, указывая на то, что вселенная награждает величие богатством, если вы желаете его принять.

Так как же в вашей ситуации? Вы играете ту же роль для своих друзей? Или в вашей жизни есть люди, которые сделают это для вас? И вот еще...

Как часто вы попадаете в компанию людей, которые подвергают ваши убеждения сомнению и расширяют понятие о том, что есть процветание?

Моя жизнь служит примером силы достижения богатства, чем могут похвастаться немногие. Я прошел путь от болезни к фонтанирующему здоровью. Я из мойщика посуды в блинной превратился в мультимиллионера. И вырос из человека, склонного к суициду, в счастливчика, живущего полной жизнью.

Такие метаморфозы были вызваны несколькими причинами. Я менял свои убеждения, каждый день тратил время на саморазвитие, изучал, как работают законы процветания и многое другое. Но основным фактором всех этих перемен было то, что я сменил людей, окружающих меня по жизни.

В моем случае я переехал и перешел на другую работу. Перестал болтаться со своими друзьями-жертвами. Правда, не без угрызений совести и некоего чувства дискомфорта. Материалы к делу. Ночь и телефонный звонок.

Шантаж...

Грег был взволнован, это было понятно по голосу, звучащему в телефонной трубке: «Рэнди, ты говоришь, что ты добрый христианин, но всегда осуждаешь меня и остальных. Теперь ты богач. Забыл наверняка, что значит страдать. Забыл, что другим не представился такой шанс. Бог наградил тебя, а ты не думаешь о людях, менее удачливых, чем ты сам».

Я глубоко вздохнул и улыбнулся своим мыслям. Смешно то, что Грег снова прибегает к такому резерву. А почему бы нет? Со мной такие штуки часто срабатывали.

Но не в этот раз...
Теперь у меня есть универсальный космический переводчик, поэтому сквозь слова Грега я услышал вот что : «Рэнди, я собираюсь взять твою веру в христианство и использовать ее против тебя. Я совершил много серьезных проступков, среди которых не на последнем месте стоят: моя ссора

с девушкой, неуплата алиментов, игра в больного, из-за которой меня уволили из пары мест, и автомобильная авария, после которой моя машина находится в нерабочем состоянии. Пока ты 70 часов в неделю работал, я зарабатывал просто чтобы свести концы с концами, чтобы смотреть телевизор по шесть часов вечером и по десять в выходные».

«Вот... У тебя все есть, а у меня нет. Твоя жизнь удалась, а моя нет».

«Заведя разговор о христианстве, я хотел манипулировать твоими эмоциями и заставить тебя почувствовать вину. А заставив тебя испытывать угрызения совести, я могу надеяться, что ты дашь мне взаймы, причем и я и ты прекрасно понимаем, что ты этих денег не увидишь, также как и в предыдущие три раза. На все твои старания, правильные решения и тяжелую работу я скажу "повезло" и "шанс представился", и таким образом заставлю тебя почувствовать, что жизнь со мной плохо обошлась, и попытаюсь вытянуть из тебя немного заработанного».

Ну хорошо, буду откровенным. Нет у меня никакого универсального переводчика. Я понял, о чем говорил Грег, потому что я знаю беглую «речь шантажистов».

Мне неприятно говорить вам, но я знаю эту речь потому, что сам когда-то был самым жутким шантажистом из всех. Не ошибитесь — то, что я сейчас описал — это шантаж. Так вас используют наркоманы, паразиты и любители всяческих неудач, чтобы вы взяли на себя ответственность за все совершенные ими промахи.

И обычно срабатывает!

Разве можно не почувствовать угрызения совести, когда у вас много всего, а у других почти ничего? Это очень пикантная ситуация, по большому счету, из-за того способа, которым управляют вами шантажисты. Они мастера по перекладыванию ответственности и использованию других средств для манипуляции.

Материалы к делу... авиакомпания «Delta Airlines». Я возвращался из Сингапура, последним этапом пути был перелет на самолетах этой авиакомпании из Атланты в Форт Лодердейл. Как обычно, они не смогли завершить всю канцелярскую работу до отлета, поэтому нам пришлось ждать еще 20 минут. А потом разразилась буря, и аэропорт закрыли. Поэтому мы просидели в зале ожидания почти час, прежде чем смогли наконец взлететь.

Когда мы в конце концов приземлились, командир корабля поблагодарил нас за терпение и сказал: «Уверен, вы поймете. Когда матушка-природа ведет себя подобным образом, мы вряд ли что-то можем сделать».

Вот пример классического шантажа.

Командир перекладывает свою вину и непрофессионализм своей компании на погоду. Но правда в том, что стартуй мы по графику, шторм нам был бы не страшен. Но как и большинство шантажистов, команда решила зацепиться за внешние обстоятельства, чтобы использовать их и избежать ответственности за собственные действия.

Так поступал и Грег, высасывая из меня деньги. Это часто случается, когда люди поглощены поведением жертвы. Они оправдываются: «Это не моя вина! Я ничего не мог поделать. На шоссе случилась авария, поэтому образовалась пробка. Я опоздал на собеседование, и они взяли другого. Затем банк возвратил мне мои чеки, я-то думал мне дадут аванс на новой работе, поэтому и выписал пару чеков, ну там были долги на счетах, а их нужно было срочно оплатить, тогда я...».

Звучит хорошо, выглядит тоже хорошо, но только на бумаге. Да вот незадача, не работает это все. Если тебе действительно была так важна эта работа, то нужно было выйти на полчаса пораньше. Но жертвы так не думают. А проводя время в кругу жертв, вы начинаете думать так же.

Не поймите меня неправильно. Ничто бы меня так не обрадовало, как видеть успех Грега и других моих друзей-жертв. Но не могу же я тянуть их до финиша. Как и вы не можете тянуть своих друзей. Лучшее, что вы можете для них сделать — это перестать покупаться на их просьбы, когда бы они ни пытались снова играть в жертву. И поддерживать их, когда они действительно желают совершить усилие, чтобы развить свое сознание. Не стоит тонуть с ними в отчаянии. Дай человеку рыбу, и он наестся на весь день. Научи его рыбачить, и он не будет знать голода. Научи жертву рыбачить, и он целый день просидит в лодке, попивая пиво!

Глава седьмая
Религия и нужда

Для многих людей я являюсь настоящей загадкой. Живу по принципам объективизма, но верю в Бога. Я медитирую и вожу экзотические спортивные машины. Я глубоко связан с Богом, но не религиозен. Я проповедую процветание, но тяжел на язык, грубоват и иногда скажу такое, что может заставить и грузчика покраснеть.

У меня не возникает проблем ни в одном из этих контрастных проявлений, я прославляю их как показатель всего богатства моей жизни, искренности миссии и своего назначения. Я вижу себя как пророка процветания, проповедника эгоизма и управителя неуправляемого. Я никогда не боюсь высказывать правду, как я ее воспринимаю. Даже тогда, или особенно тогда, когда она пересекается с принятыми нормами «толпы».

Примерно 15 лет назад мне открылся взгляд на успешность. Я перестал следовать финансовым советам бедных. Перестал принимать пожелания здоровья от больных. И перестал искать духовной поддержки у тех, кто не может провозгласить Вселенские Законы в своей жизни.

Звучит все очень просто, когда я об этом вот так пишу, не правда ли? Но я обнаружил, что немногие могут похвастаться тем, что следуют тому же подходу.

Внимательно следите за программированием, которое крадется к вам окольными путями. Такое окольное программирование лучше всего удается именно организованной религии. Даже большая часть людей, которые внимательно следят за любым проникновением в их сознание, часто ослабляют бдительность, когда они попадают в религиозное окружение. Они неверно предполагают, что полученное благословенно Господом и таким образом полезно для них. Часто все бывает с точностью до наоборот. На самом деле, когда я воспринимаю информацию в религиозном ее обрамлении, я включаю свой радар-обнаружитель негатива на полную мощность.

Очистив свое сознание от некоторых доктрин и догм, внушенных вам организованной религией, вы создадите вакуум, куда можно будет поместить духовные принципы. Правда в том, что речь здесь идет не о фундаментализме, Боге или религии. Важно лишь то, верите ли вы, что достойны процветания.

Вспомните тех супругов, которые чувствовали себя неловко от мысли, что они могут зарабатывать десятки миллионов долларов? В их случае, я думаю, причиной были их религиозные заблуждения.

Кстати, такая ситуация очень распространена во всем мире на сегодняшний день. Организованная религия всегда была самой вредной в вопросах внушения. Христианская церковь пользовалась этой стратегией веками, и, конечно, христианство не единственное в своем роде. Подобралась большая компания.

Но у этой супружеской четы был немножко другой поворот.

Конечно, я сказал мужу (мой хороший друг, кстати), что, как мне казалось, успех для них все еще был проблемой, основанной на невозможности представить, как будет выглядеть их жизнь, если бы он зарабатывал 30 миллионов в год. Он чувствовал, что я отошел от темы, так как он был ярым сторонником христианства. А как и большинство фундаменталистов, он считал свою религию благополучной.

Он часто обижается на меня, когда я нападаю на фундаментализм, ему кажется, что я считаю это негативным влиянием, потому что многие христиане очарованно верят в благодетель бедности. Он прав, я так считаю.

Ему кажется, что вирус негативного мышления ему не опасен, так как он равно верит и в Христа, и в процветание. Он оперирует всеми обычными аргументами. Бог пожертвовал своего единственного сына. Сын гордится своим божественно богатым папашей, который хочет, чтобы у того было свое королевство и т. д.

Однако не в этом суть...

Не для него, не для большинства людей. И может даже, и не для вас. Я не думаю,что его негативное программирование исходит из убеждения, что Бог скрывает от него что-то, и что Всевышний — не филантроп. (Несмотря на то, что многие фундаменталисты действительно имеют это убеждение, его проблема заключается не в этом. Он заражен ДРУГИМ вирусом, который часто исходит от организованных религий.)

Я думаю, что проблема, с которой сталкивается он и многие другие, содержится глубоко на подсознательном уровне. Он не считает себя достойным благостей. Проблема, как мне кажется, не в том, что он не верит в Божественную любовь, а в том, что он не считает себя достойным этой любви.

Вот действительно спорный вопрос для миллионов. И настоящий камень преткновения в нашей дискуссии. Как результат веков идеологической обработки.

Убеждая людей, что бедность — это благодетель, религиозные власти сохраняли влияние над массами. Они убедили их, что так уготовано судьбой. Что побуждало людей через страх стремиться действовать на пользу всей толпе, потому что антисоциальное поведение могло послужить причиной вечного проклятия: «Пойдешь против этого закона и в будущей жизни будешь наказан». Таким образом, страх переступить учения священников был средством подчинения людей. Это помогало сохранять их кроткими, покорными и довольными своей судьбой.

Как-то я зашел на воскресную службу в своей церкви. Выступавший был мирянином, который решил использовать возможность открыто объявить свою любовь к Богу. Он был искренен, и его проявление веры трогало душу. Я решил познакомиться с ним после и похвалить за замечательное выступление.

Несколько недель спустя я получил от него подарок. Книгу под названием «Библия искателя». Терпеть не могу даже вспоминать об этом, потому что это был подарок от всего сердца, сделанный с заботой и любовью. Но я бы скорее выколол себе глаз вилкой, чем стал читать это. Она полностью состоит из негативного и вредного программирования. По крайней мере, я сделал такой вывод, прочитав первые несколько страниц вступления.

Все начинается с такой посылки, очень частой в религиозных кругах: счастье на земле недостижимо. (Кстати, если вы думаете, что христиане в этом убеждении монополизировали рынок, то вы глубоко заблуждаетесь.)

Книга заявляет: «Вот почему на свете так много несчастных "успешных" людей. Как часто мы читаем в газетах о том, что какая-нибудь очередная знаменитость попала в реанимацию из-за передозировки наркотиков или совершив самоубийство? Почему так? Потому что для них это выход, хотя они и осознают, что неверный».

Конечно, подсознательное сообщение в таком утверждении просто: богатые и успешные люди несчастны, имеют пристрастия к наркотикам и убивают себя. Ну и конечно, у нас много «примеров»: Джон Белуши, Джими Хендрикс, Дженис Джоплин, Майкл Хатчинсон, Курт Кобэйн и т. д. и т. п.

Но в этой казуистике есть одно слабое место. Такое случается и с бедными. Просто никто об этом не слышит.

Действительно, много богачей попадают в реанимацию. Потому что они могут себе это позволить! Вы знаете сколько стоит пребывание в реанимационной палате?

Нищие умирают от передозировок и убивают себя каждый день в действительности гораздо чаще, чем богачи. Вам просто не показывают это по «Си-Эн-Эн», кого интересует, что случилось с каким-нибудь каменщиком: «Бедняга выбил себе мозги. Какая жалость. Положи мне еще пюре, пожалуйста».

Но если себе мозги выбил кто-нибудь знаменитый и богатый — это хорошая новость! Она потакает нашему подсознательному программированию о том, что быть бедным — это благодетель, а богачи всего лишь получают по заслугам.

В «Библии искателя» рассказывается о том, что люди стремятся к большему и лучшему. Там говорится: «Людям кажется, что заработав первый миллион они будут довольны, но этого никогда не происходит. Получив одну тысячу, они хотят вторую. Получив миллион, жаждут пяти. Добравшись до пяти, хотят 20 и т. д. ».

Там приводится цитата царя Соломона: «Никогда не успокоятся Смерть и Разрушение, равно как и человеческие страсти». А затем слова некоего Джоя Дэвидсона: «Жизнь в свое удовольствие — это самая нелицеприятная вещь, на которую способен человек. Если его не убьет собственный сосед в припадке отвращения, тогда он умрет сам от скуки и бессилия».

Итак, мы подбираемся к тому, что у религии получается лучше чем у кого-либо. Обвинения!
У вас есть тысяча, и вы хотите две? Жадная тварь. Тебе должно быть стыдно! Ты что, никогда не насытишься?

Я могу продолжать такое коварное негативное программирование еще дней так 10 тысяч, но мне претит разглагольствовать о такой глупости. Знайте вот что: организованная религия веками искажала послания процветания. В Библии достаточно цитат, чтобы поддержать любое ваше мнение, их можно взять из любых глав. То же самое можно сказать и о Коране и других религиозных манифестах. Если вы не беретесь прочесть их во всей их целостности, даже и не напрягайтесь.

Вот другая цитата из «Библии искателя»: «Библия определяет нашу самую серьезную проблему как грех. Грех не просто акт, но вообще природа нашего бытия. Другими словами, не потому мы грешны, что грешим. А потому грешим, что грешны! Мы рождены, чтобы поступать неправильно... Мы не добры изначально, мы изначально греховны. Такая греховность отражается во всем, что мы делаем».

О-о-о! Вот это заблуждение! А представьте, что вы должны чувствовать по отношению к себе, если вы выросли на этом? А становясь богатым? Представьте подсознательное программирование на таких проповедях в течение нескольких лет.

Я верю, что деньги — это Бог (или Вселенная) в действии. Не существует разделения: солнечный свет, полная луна, прогулки по пляжу — все это духовно. Хорошее здоровье, счастливая дружба и любовь тоже.

Как и финансовое благополучие, хороший дом, красивая одежда и машина, заставляющая бешено стучать ваше сердце! Потому что единственный способ получать и сохранять материальные вещи — это честный обмен ценностями и жизнь по духовным законам процветания.

Что бы вы подумали, если бы я сказал, что такая продолжительная страсть к большему происходит из вашей духовной природы, а не из природы «пресмыкающегося, виноватого грешника, который будет гореть и гнить в аду, скрежеща зубами»? А если бы я сказал, что именно «Божественная неудовлетворенность» заставляет вас расти, развиваться и приобретать высшие уровни сознания?

Правда, если вас взрастили в традициях любой фундаменталистской религии, то эти слова наверняка противоположны тому, на что вас настраивали все жизнь. (Кстати, это касается любого фундаментализма, от исламского до христианского и все что между. Чем больше вы начинаете понимать, тем легче начинать перепрограммирование против негативного мышления. Также вы лучше поймете, что такое мышление может вызвать саморазрушение.)

Я не хочу сказать, что только материальные вещи сделают вас счастливыми. Не сделают. Сначала нужны люди, с которыми можно будет ими поделиться. И вы должны твердо стоять на своем духовном убеждении. Единственное, что я хочу, чтобы вы поняли, что хотеть материального благополучия — это не плохо, это Божественно! **Это желание заставляет вас достигать большего и совершать большее, что приведет вас в конце концов к высшему уровню сознания!**

Не важно, верите ли вы в Бога, не мне вас переубеждать. Если вы верите в естественное развитие, или Вселенские Законы, и они для вас работают, что ж... Я рад за вас.

В моей жизни атеисты и агностики часто лучше понимали настоящие духовные принципы, чем многие с претензией на святош. Поэтому не о вас я беспокоюсь. Я уверен, что вы найдете путь, как только он покажется перед вами. Меня больше интересуют те, кто действительно верит в Бога... Я прошу вас подумать о своей вере. И что более важно, о вере в свои отношения с Богом.

Основана ли она на страхе, или на вере в сверхъестественное существо, которое составляет список и дважды его проверяет, чтобы понять: кто молодец, а кто нет? В своих глазах вы — ничтожный грешник, который должен простираться ниц, чтобы оградить себя от вечного проклятия? Если да, то...

Ваша вера вам полезна???

Что, как вам кажется, она делает с вашим самолюбием? А что с возможностью совершать великие дела? Как, по вашему мнению, она заставляет верить в вашу собственную ценность? Как эта вера влияет на ваше сознание процветания? Позволит она вам принять собственное благополучие?

Вся концепция «первородного греха» кажется мне искажением Библии. В Библии говорится, что

Бог создал человека по образу и подобию Своему. Он видел все, что делал, и вот, хорошо же получилось. Насколько я знаю, Он так и не передумал. Поэтому, видите? Я верю в «первородную благость».

Знаете что? Фундаменталисты будут спорить со мной по этому вопросу целый день. И вот еще. Господь с ними. Да пребудет с ними сила. Они могут спорить со мной весь день (и спорили ведь), но на экране моего радара это не отображается. Почему?

Потому что я вижу, что их вера им бесполезна. А моя полезна мне. Поэтому пусть цитируют Писание, перебирают четки и бьют меня по голове пятикилограммовой Библией. Моя жизнь удалась, а их — вряд ли.

Вот важная для ВАС проблема. Подумайте: кто научил вас вашей вере и убеждениям, как давно они у вас, и как они на вас давили. Задайтесь простым вопросом:

Полезна ли мне моя вера?

Господь даровал нам свободу воли. И лучший способ восславить и использовать ее — через критическое мышление. Вполне вероятно, что к своей вере в Бога, в религию и процветание вы пришли ребенком, в зависимости от того, в какую религиозную организацию привели вас родители. Возможно, наступило время тщательного обдумывания.

Как я уже говорил раньше, христианство — не единственное в своем роде по тому негативному и вредному влиянию, которое мы обсуждаем. Я использую христианство в качестве примера из-за подаренной мне книжки. Я хочу чтобы вы поняли вот что...

Человек, подаривший мне ее, действовал от всего сердца. Он даже подписал ее словами: «Пусть этот экземпляр слова Господня принесет тебе надежду, воодушевление, цель и мир во имя Христа». Он даже не догадывался, что то, что он мне подарил, постулирует прямо противоположное!

Боюсь, что как и многие, он слышал некоторые вещи так часто, что никогда не сомневался в них, исходя из критического мышления. Он верит в Бога, он верит, что его Бог — это добро. Но никогда ему не приходило в голову, что вся его система веры и убеждений построена на страхе. Он никогда не интересовался: почему единственное добро в лице Бога должно быть мстительным, карающим и пугающим.

Если вас воспитывали в такого рода религиозном окружении, любые ваши пожелания богатства, успеха и достижений наверняка использовались, чтобы заставить вас почувствовать угрызения совести. Вас наверняка наставляли, что подобного рода вещи никогда не принесут настоящего счастья, а только пустоту, обиду и отчаяние.

Кстати, неплохая интерпретация желания. У меня тут совсем другая...

Я верю, что все наши желания исходят от Бога. Они как предоставленные нам проводники для духовного развития в этом плане. Не верю я, что нищета, болезни и несчастья полезны вам или вашему Богу.

И также вряд ли ваш Создатель уготовил вам участь все время оставаться на своем первом рабочем месте, которое вы получили еще школьником в закусочной «Макдональдс». Не думаю я, что благодетельно зарабатывать тысячу вместо двух. Я думаю, что как раз наоборот!

Я думаю, что неиспользование всех резервов своих возможностей обижает вашего Создателя и вредно для дарованного вам потенциала. Я верю, что если у вас есть желание чего-то большего, то это Бог стучится к вам в дверь, приглашая свершить что-то великое, получить что-то великое или стать кем-то великим.

Ваш духовный путь — это развитие и рост. Никогда не прекращающийся, он ведет вас к высшему сознанию, к высшему добру.

О Рэнди Гейдже

Более 15 лет Рэнди Гейдж помогал людям избавляться от ограничивающих их заблуждений и совершать удивительные прорывы сквозь сознание к достижению собственных целей. Его жизненная история о том, как из подростка, вышедшего из тюрьмы, он самостоятельно стал миллионером, вдохновила многих по всему миру.

Его удивительная жизнь полная побед над страхом, сомнений в себе и вредных пристрастий определяет его как уникального и бесспорного специалиста в области человеческого потенциала и возможностей его использования. Его рассказы о собственной биографии демонстрируют истинное превосходство разума над внешними обстоятельствами.

Рэнди является современным исследователем в области одновременного развития разума — тела и личного роста человека. Он также стал автором многочисленных альбомов, ставших популярными среди покупателей. Они включают в себя «Динамическое развитие» и «Благополучие». А также Рэнди является президентом сайта www.BreakthruoghU.com

Через эту интернет-программу почитатели таланта Рэнди по всему миру общаются с ним и получают его персональные советы. Он объясняет, как возобладать над страхом, сомнением и саморазрушением, чтобы достичь успеха и наивысшего уровня человеческого потенциала.

За большей информацией и рассылкой бесплатных электронных журналов обращайтесь на сайт www.RandyGage.com

[1] Город, входящий в метрополис Майами, штат Флорида, США — *Прим. пер.*

[2] Гедонизм (от греч. *Hedone удовольствие*) философское или этическое учение в котором удовольствие рассматривается как наивысшая благодетель или цель. — *Прим. пер.*

Содержание

Другие книги из серии «Процветание» Рэнди Гейджа:

«Установка на благополучие. Как обуздать силу мыслей»

«37 секретов вашего процветания. Ракрывая секреты благосостояния»

«101 ключ к вашему процветанию. Взгляд на решение проблемы здоровья, счастья и материального благополучия»

«7 духовных законов вашего процветания. Как воплотить их в вашу жизнь»

Все эти книги доступны «online» на www.Prosperity-Insights.com

Рэнди Гейдж

БОГАТСТВО РЯДОМ!
ПОЧЕМУ МЫ ДОЛЖНЫ БЫТЬ БОГАТЫМИ

Ответственный за выпуск *С. С. Раимов*
Художественный редактор *И. Н. Фатуллаев*
Редактор *Е. Ю. Румановская*
Корректор *Л. Г. Алёшичева*
Оформление *К. Б. Муганлинский*
Верстка *М. В. Вдовин*

Подписано в печать 05.09.16. Гарнитура PetersburgC.
Формат 84 × 108 $^{1}/_{32}$. Усл. печ. л. 6,72. Печать офсетная.
Тираж 2000 экз. Заказ № 34.85

ООО «Издательство «ДИЛЯ»
198095, Россия, Санкт-Петербург, Митрофаньевское ш., д. 18 литер «Ж»

Отпечатано по технологии CtP
в ООО «СЗПД-ПРИНТ»,
188300, Ленинградская обл., г. Гатчина, ул. Железнодорожная, 45 Б.

Для заметок

Для заметок